NOTICES HISTORIQUES

SUR

SON ALTESSE ROYALE

LOUIS-PHILIPPE D'ORLÉANS,

LIEUTENANT-GÉNÉRAL DU ROYAUME;

ET SUR

LE GÉNÉRAL LAFAYETTE,

COMMANDANT EN CHEF LES GARDES NATIONALES DE FRANCE.

IMPRIMERIE DE H. FOURNIER,
RUE DE SEINE, n. 14.

NOTICES HISTORIQUES

SUR

SON ALTESSE ROYALE

LOUIS-PHILIPPE D'ORLÉANS,

LIEUTENANT-GÉNÉRAL DU ROYAUME,

ET SUR

LE GÉNÉRAL LAFAYETTE,

COMMANDANT EN CHEF

LES GARDES NATIONALES DE FRANCE,

Extraites de la *Biographie universelle et portative des Contemporains*, publiée sous la direction de M. V. de Boisjoslin,

ET PRÉCÉDÉES DE QUELQUES MOTS

SUR LA NÉCESSITÉ DE SE RALLIER AU DUC D'ORLÉANS;

Par V. de Boisjoslin,

CAPITAINE DE LA NOUVELLE GARDE NATIONALE DE PARIS

PARIS,

CHEZ LES MARCHANDS DE NOUVEAUTÉS,

ET CHEZ LES ÉDITEURS, RUE DE L'ÉCOLE-DE-MÉDECINE, N° 3.

M DCCC XXX.

AU PUBLIC.

La monarchie constitutionnelle est la forme de gouvernement qui paraît le mieux convenir à nos mœurs actuelles et à l'état des esprits en France; elle est entièrement aussi dans les intérêts de notre politique extérieure.

Si les idées républicaines, qui régiront peut-être un jour le monde entier, mais qui sont peu convenables dans l'application à notre pays, parvenaient à obtenir de l'appui dans les discussions parlementaires qui vont s'ouvrir, il y aurait sans doute de quoi concevoir des inquiétudes pour l'avenir.

Ce sera donc servir la chose publique que de chercher à maintenir la confiance que la nation montre assez généralement dans le système social établi par la Charte, afin de pouvoir y rester sans oppo-

En défendant la Constitution indignement violée, le peuple français a voulu défendre les droits de tous, l'avenir de tous, garantis par la Charte. Il ne permettrait donc pas que son héroïque conduite servît à enlever des droits acquis, ou tout au moins des espérances bien légitimes, à un prince qu'il aime parce que ce prince s'est toute sa vie montré l'ami de ses libertés, et que, paré des couleurs nationales, il a combattu pour lui dès sa jeunesse. La révolution, qui embellit notre avenir, pourrait-elle décolorer celui d'un tel prince, d'un prince *qui n'a rien eu à oublier*, parce que son esprit lui a toujours montré la source des malheurs qui ont accablé la France il y a quarante ans, et *qui a beaucoup appris*, parce qu'il a reçu le genre d'éducation qui empêche les leçons du malheur d'être stériles?

Charles X, en violant ses sermens, a lui-même prononcé sa déchéance; le Dauphin, en s'associant aux actes de son père, a perdu tous ses droits à la couronne. Quant au duc de Bordeaux, héritier direct et légitime, nous en convenons, il ne saurait être accepté pour roi des Français, parce que la raison d'État s'y oppose. Il faut à la France un chef qui tienne tous ses droits de la nation et chez lequel le passé ne puisse réveiller aucun souvenir de honte ou de vengeance. Cela est malheureux pour cet enfant innocent; malheureux pour sa mère, à laquelle la France n'adresse point de reproche; mais son éducation, la mort de son père infortuné, son âge, ses affections d'enfance pour ceux qui ont détruit si odieusement son avenir et le leur, tout le repousse du trône.

Paris, le 2 août 1830.

V. DE BOISJOSLIN.

NOTICE HISTORIQUE

SUR

SON ALTESSE ROYALE

LOUIS-PHILIPPE D'ORLÉANS,

LIEUTENANT-GÉNÉRAL DU ROYAUME.

ORLÉANS (LOUIS-PHILIPPE D'), duc d'Orléans, fils de Louis-Philippe-Joseph d'Orléans, duc d'Orléans, naquit à Paris, le 6 octobre 1773.

Connu d'abord sous le titre de duc de Valois, il prit celui de duc de Chartres à la mort de son aïeul. Le chevalier de Bonnard et madame de Genlis donnèrent successivement des soins à son enfance. Rien ne fut négligé pour former son cœur, orner son esprit, et faciliter même le développement de ses facultés physiques : aux travaux intellectuels se joignirent en effet des exercices de gymnastique, et les précepteurs semblèrent avoir pris pour règle, dans l'éducation de leur élève, cette ancienne maxime : *Animus sanus in corpore sano.*

A peine âgé de seize ans lorsque les premiers

jours de la révolution vinrent luire sur la France, le duc de Chartres adopta les opinions de son père avec l'enthousiasme de la jeunesse. Colonel propriétaire du 14e régiment de dragons, il n'hésita pas à en prendre le commandement effectif plutôt que de donner sa démission, comme les décrets de l'assemblée constituante lui en laissaient le choix, et il se rendit en garnison à Vendôme, où différentes actions d'éclat lui firent décerner une couronne civique.

En 1791, il partit pour Valenciennes, fut placé sous le commandement de Biron, donna ses premières preuves de bravoure et de talens militaires, en 1792, aux combats de Boussu et de Quaragnon, et parvint à rallier les troupes, saisies soudainement d'une terreur panique aux environs de Quiévrain. Le 7 mai de la même année, le duc de Chartres reçut du comte de Grave, ministre de la guerre, un brevet de maréchal-de-camp, combattit à la tête d'une brigade de dragons sous les ordres de Luckner, et assista à la prise de Courtray. Le 11 septembre suivant, il obtint le grade de lieutenant-général, et fut désigné pour aller commander à Strasbourg. « Je suis trop jeune, répondit-il, pour aller m'enfermer dans une place, et je demande à rester » dans l'armée active. » Le ministère applaudit à ces dispositions belliqueuses, et, le 20 du même mois, le duc de Chartres se couvrit de gloire à

Valmy, en défendant avec une rare intrépidité, pendant toute la journée, une position difficile sur laquelle l'ennemi dirigea constamment ses efforts et ses coups les plus meurtriers. Six jours après, il fut nommé commandant en second des troupes de nouvelle levée, sous le général en chef Labourdonnais qui les organisait alors dans le département du Nord. Cette promotion ne le tenta point; il aima mieux combattre en première ligne dans un rang moins élevé; et comme on s'était empressé de le remplacer à l'armée de Luckner, il passa dans celle de Dumourier, qui se préparait à envahir la Belgique. C'est là qu'il lui était réservé d'inscrire son nom d'une manière ineffaçable dans les fastes militaires de la France. Le 6 novembre, à l'immortelle bataille de Jemmapes, il préserva l'armée d'un grand désastre, et changea tout à coup une déroute honteuse en triomphe complet, en ramenant au combat de nombreux régimens qui fuyaient en désordre, et en renouvelant, avec une colonne formée à la hâte, sous le nom de *bataillon de Mons*, les prodiges du bataillon sacré des Thébains ou de la phalange macédonienne. A la suite de cette brillante journée, la Belgique ayant été conquise et l'armée prenant ses cantonnemens, le duc de Chartres, sur une lettre de son père, accourut à Paris, où sa sœur, considérée comme émigrée depuis son voyage en Angleterre, l'attendait pour passer à l'étranger conformément aux ordres du gouvernement républicain. Ce devoir fraternel rempli, il resta à Tournay auprès de la princesse pendant quelques jours, et y apprit le décret de bannissement que la convention venait de porter contre tous les membres de la famille royale, sans exception. Sa première résolution fut de se rendre en Amérique avec les siens, et il s'empressa de le mander à son père. Mais les amis que ce dernier comptait encore parmi les députés influens ayant réussi à faire révoquer, quant à la maison d'Orléans, la mesure de proscription qui d'abord avait été étendue jusqu'à elle, le duc de Chartres reparut au milieu des braves, et se distingua au siège de Maëstricht, sous les ordres du général Miranda.

Le 18 mars 1793, le duc de Chartres commandait le centre de l'armée française à la bataile de Nerwinde; il fit sa retraite en bon ordre après la déroute de nos troupes, et empêcha, par sa belle contenance à Tirlemont, que ce grand revers ne devînt encore plus désastreux pour nos armes.

Ce fut alors que Dumourier, honteux de s'être laissé battre, et aimant mieux, à ce que l'on croit, passer pour traître à la Convention qu'inhabile à la guerre, songea à donner à sa défaite l'apparence d'une connivence avec les vainqueurs, et se déclara hautement contre l'assemblée souveraine qui gouvernait la France. Son but, dit-on, était de dissoudre la représentation nationale, d'abolir le régime républicain, et de rétablir la monarchie constitutionnelle sur les bases de celle de 1791, en faveur du duc de Chartres.

Que ce prince ait connu ou ignoré les véritables desseins de ce général, il n'en est pas moins certain qu'il lia son sort au sien dans cette triste circonstance; et qu'il y fut, en quelque sorte, contraint par l'espèce de solidarité que la Convention voulut établir entre eux, et par la défaveur qui s'attachait à un nom que les accusateurs de Dumourier reproduisaient dans chacun de leurs griefs. Il se rendit d'abord à Mons, au quartier-général des Autrichiens, pour y demander des passeports. Le prince Charles essaya vainement, à force de prévenances, de l'attacher au service de l'Empire : toujours Français, alors même qu'il ne lui était plus permis de combattre pour la France, il refusa de souiller la gloire qu'il venait d'acquérir à la défense de son pays, en se faisant tout à coup l'auxiliaire de ses ennemis. Il gagna la Suisse avec mademoiselle d'Orléans, sa sœur, et madame de Genlis; mais il ne put y trouver un asile. L'aristocratie helvétique se croyait menacée par la présence d'un général républicain que sa haute naissance n'avait pu préserver de la contagion des principes constitutionnels. L'intervention du général Montesquiou,

retiré à Bremgarten, n'aboutit qu'à faire entrer la princesse et sa gouvernante dans le couvent de Sainte-Claire. « Pour vous, dit-il au duc de Char-
» tres, il n'y a d'autre parti à prendre que celui
» d'errer dans les montagnes, de ne séjourner
» nulle part, et de continuer cette triste manière
» de voyager jusqu'au moment où les circonstances
» se montreront plus favorables. Si la fortune vous
» redevient propice, ce sera pour vous une *Odys-*
» *sée*, dont les détails seront un jour recueillis avec
» avidité. »

Le duc de Chartres suivit ce conseil, et se sépara des compagnons de son exil. Il parcourut à pied les divers cantons de la Suisse, explora la cime des Alpes, et quoique réduit à de faibles ressources pécuniaires, il fit servir ces pénibles voyages à son instruction en même temps qu'il y trouva la source d'une foule de jouissances qu'il avait jusque-là ignorées. Au milieu de ses courses, il reçut une nouvelle lettre du général Montesquiou, qui lui proposait une place de professeur au collège de Reicheneau. Il accepta cette offre, subit un examen préalable, et, pendant huit mois, enseigna, sous un nom d'emprunt et sans être reconnu, la géographie, l'histoire, les langues française et anglaise, et les mathématiques.

C'est là que le duc de Chartres apprit la mort de son père ; peu après ce tragique événement, il quitta Reicheneau, et se retira à Bremgarten auprès du général Montesquiou : il n'y fit pas un long séjour, et résolut d'aller s'embarquer à Hambourg pour passer en Amérique. Arrivé dans ce port, il fut forcé, par l'exiguité de ses ressources financières, de renoncer à son voyage, et tourna dès-lors ses regards vers les contrées septentrionales de l'Europe. Il visita successivement le Danemark, la Suède, la Norvège, la Laponie, s'approcha du pôle jusqu'à cinq degrés plus près que ne l'avait fait Maupertuis, et revint en Allemagne dans le courant de l'année 1796.

Il se trouvait dans le duché de Holstein lorsqu'il reçut une lettre de sa mère, par l'entremise du chargé d'affaires de la république française près les villes anséatiques. Cette princesse lui apprenait que le Directoire ne voulait consentir à faire cesser les rigueurs dont elle était l'objet avec sa famille, qu'autant que son fils aîné s'éloignerait du sol européen : elle l'invitait en conséquence à donner cette nouvelle preuve de dévouement à tout ce qu'il avait de plus cher au monde. Le duc d'Orléans s'empressa de répondre : « Quand ma » tendre mère recevra cette lettre, ses ordres se» ront exécutés, et je serai parti pour l'Amérique ; » je m'embarquerai sur le premier bâtiment qui » fera voile pour les États-Unis.... Et que ne fe» rais-je pas après la lettre que je viens de recevoir?

» Je ne crois plus que le bonheur soit perdu pour » moi sans ressource, puisque j'ai encore un moyen » d'adoucir les maux d'une mère si chérie, dont la » position et les souffrances m'ont déchiré le cœur » depuis si long-temps..... Je crois rêver quand je » pense que dans peu j'embrasserai mes frères, et » que je serai réuni à eux; car je suis réduit à » pouvoir à peine croire ce dont le contraire m'eût » paru jadis impossible. Ce n'est pas cependant que » je cherche à me plaindre de ma destinée, et je » n'ai que trop senti combien elle pouvait être » plus affreuse. Je ne la croirai même pas malheu- » reuse, si, après avoir retrouvé mes frères, j'ap- » prends que notre mère chérie est aussi bien » qu'elle peut l'être, et si j'ai pu encore une fois servir » ma patrie en contribuant à sa tranquillité et par » conséquent à son bonheur : il n'y a pas de sacri- » fices qui m'aient coûté pour elle; et tant que je » vivrai, il n'y en a pas que je ne sois prêt à lui » faire. »

Le duc d'Orléans quitta Hambourg le 24 septembre 1796, et arriva à Philadelphie le 21 octobre suivant. Ses deux frères, les ducs de Montpensier et de Beaujolais, vinrent l'y joindre en février 1797. Ils visitèrent ensemble les divers États de la confédération américaine, et même quelques tribus sauvages. Au mois de décembre 1797, ils se dirigèrent sur la Nouvelle-Orléans par l'Ohio et le Mississipi, et y débarquèrent à la fin de février 1798. Ayant voulu passer de là à la Havane, ils y furent en butte aux persécutions du gouvernement espagnol, qui ordonna de les reconduire à la Nouvelle-Orléans. Les trois jeunes princes refusèrent d'y retourner, et parvinrent à gagner une colonie anglaise. Le duc de Kent les y accueillit avec distinction, et n'osa pas néanmoins leur fournir les moyens de revenir en Europe.

Ils s'embarquèrent alors pour New-York, d'où un paquebot anglais les transporta à Falmouth. Arrivés à Londres au commencement de 1800, ils s'y rapprochèrent des membres de la famille royale, dont ils n'avaient jamais voulu adopter la ligue politique, mais avec lesquels ils se trouvaient unis par la communauté d'infortune. Le duc d'Orléans vit le comte d'Artois, devenu *Monsieur* depuis la mort de Louis XVII, et s'empressa d'écrire à Louis XVIII, dont la cour errante et presque solitaire résidait en ce temps-là à Mittau. Cette réconciliation opérée, il ne s'occupa plus que de sa mère, réfugiée à Barcelonne, et il mit à la voile pour Minorque. Débarqué à Mahon, on lui proposa d'aller servir en Allemagne la cause de l'émigration. Il refusa par les mêmes motifs qui lui avaient inspiré, en 1794, la généreuse résolution de subir la persécution et l'exil plutôt que de porter les armes contre la France; car, si ses malheurs personnels dans la révolution et les vicissitudes terribles de cette époque orageuse l'avaient rapproché de la branche aînée de sa famille, ils n'avaient pu lui enlever ses premiers sentimens; et les plus vives émotions de son cœur étaient toujours pour le pays qu'il avait défendu avec tant de valeur.

Cependant l'état de guerre entre les cours de Londres et de Madrid l'empêcha d'aborder en Catalogne, et lui et ses frères furent obligés de retourner en Angleterre sans avoir pu satisfaire leur piété filiale. Ils se fixèrent à Twickenham, et s'y virent bientôt entourés de l'estime et de l'affection universelles.

En 1807, le bonheur de cette paisible et modeste retraite fut altéré par la mort du duc de Montpensier, qu'une phthisie pulmonaire enleva à sa famille. La douleur que le duc d'Orléans ressentit de ce sinistre événement fut encore augmentée par la crainte de voir bientôt son second frère succomber à la même maladie. Pour éloigner cette nouvelle perte, il conduisit le comte de Beaujolais sous le climat de Malte, d'après l'avis des médecins anglais. Mais, à peine descendu dans cette île, d'autres médecins lui déclarèrent que l'air en serait funeste au malade. Il songea alors au Mont-Etna, et s'empressa d'éécrire à ce sujet au roi de Sicile, pour obtenir la permission de séjourner dans ses États. Quand la réponse de ce prince arriva, le comte de Beaujolais n'était plus, et c'est à Messine que le duc d'Orléans la reçut; car il quitta Malte précipitamment dès que son frère eut expiré. Ferdinand IV l'ayant invité à venir à sa cour, il prit aussitôt la route de Palerme, et ne tarda pas à s'y concilier l'affection du roi et de la reine, qui, démêlant bientôt les sentimens que la princesse Amélie, leur fille, avait fait naître dans le cœur de leur hôte, se montrèrent disposés à cimenter par un mariage l'attachement que ce dernier leur avait inspiré. Avant d'accomplir cette heureuse union, le roi de Sicile désira que le duc d'Orléans allât défendre en Espagne, avec son fils Léopold, la cause des Bourbons contre la famille de Bonaparte. Le duc d'Orléans, du point où il se trouvait placé, ne vit sans doute dans cette famille que les oppresseurs de l'Europe et surtout de son pays, et il crut pouvoir, mais à tort selon nous, servir la cause de sa patrie en allant s'opposer aux conquêtes de Napoléon. Il se rendit donc au vœu du roi de Sicile; mais le cabinet de Saint-James le fit transporter dans un port de la Grande-Bretagne, sans lui avoir permis d'aborder dans la péninsule.

Ainsi empêché par la politique anglaise d'obéir à

une impulsion étrangère qui l'eût exposé à démentir ses glorieux antécédens, le prince souhaita de voir sa mère, et demanda l'autorisation d'aller la rejoindre à Figuières. Le gouvernement britannique, en paraissant accéder à sa prière, donna ordre au capitaine du navire qui devait le recevoir à son bord, de le conduire directement à Malte. Cette instruction secrète fut ponctuellement exécutée.

Le duc d'Orléans, à qui sa sœur s'était réunie à Portsmouth, fut jeté sur les côtes de Malte, au commencement de 1809. Après avoir cherché vainement les moyens d'arriver auprès de la duchesse d'Orléans, il revint à la cour de Palerme, où son mariage fut arrêté. Jaloux de voir sa mère assister à la célébration de ses noces, il sollicita et obtint enfin la permission de se rendre à Mahon, pour y décider cette princesse à passer en Sicile.

Heureux cette fois dans l'exécution de ses desseins, il revint plein de satisfaction et de joie auprès de Ferdinand IV, dont il épousa solennellement la fille, le 25 novembre 1809. Un an après, des envoyés de la régence de Cadix vinrent lui offrir un commandement en Catalogne. Il crut encore de son devoir d'accepter, mit à la voile, et débarqua à Tarragone. L'influence anglaise l'y attendait pour lui interdire de nouveau l'accès des camps espagnols. Il voulut se diriger alors sur Cadix, où il éprouva les mêmes obstacles. Forcé, après de longues et inutiles instances, de s'éloigner d'une terre qui refusait l'appui de ses talens militaires et de sa bravoure, il reparut à la cour de Palerme, au mois d'octobre de la même année, et y goûta bientôt les douceurs de la paternité, par la naissance de son fils aîné, le duc de Chartres. Pendant son séjour en Sicile, il combattit constamment l'opinion de la reine, impatiente de reconquérir le royaume de Naples, et trop disposée à risquer l'alliance des Anglais. Il se tint ensuite à l'écart, durant les querelles intestines du parlement avec le ministère, et s'empressa, en 1814, de profiter de la révolution survenue en France pour revoir sa patrie. Il se présenta, le 17 mai, aux Tuileries, sous le costume de lieutenant-général français, et prit congé du roi, au mois de juillet suivant, pour aller chercher la princesse, son épouse, à Palerme. Son absence fut de courte durée; il rentra, dès la fin d'août, au Palais-Royal, et il y jouissait du bonheur domestique le plus parfait, lorsque de nouveaux orages politiques vinrent gronder sur la dynastie régnante.

Napoléon, sorti de l'île d'Elbe et débarqué à Cannes, le 1er mars 1815, marchait sur Paris: le duc d'Orléans fut envoyé à sa rencontre. Mais à peine arrivé à Lyon, il dut reprendre le chemin de la capitale, toute résistance ayant été reconnue impossible. Son premier soin, à son retour, fut de faire partir sa famille pour l'Angleterre. Le 16 mars, il parut aux côtés du Roi, à la séance royale, et se mit en route, dans la soirée du même jour, pour aller prendre le commandement en chef de l'armée du Nord, placée sous les ordres du maréchal Mortier. Il parcourut la frontière, visita Péronne et les principales places fortes, recommanda partout *de faire céder toute opinion au cri pressant de la patrie; d'éviter les horreurs de la guerre civile; de se rallier autour du roi et de la Charte constitutionnelle; surtout de n'admettre, sous aucun prétexte, dans nos places, les troupes étrangères.*

L'arrivée de Louis XVIII à Lille, l'ayant averti du succès complet qu'avait obtenu l'audacieuse tentative de Napoléon, et le roi gagnant le territoire de la Belgique sans lui donner aucun ordre, il se vit contraint de fuir une seconde fois, malgré lui, une patrie qu'il n'avait cessé de chérir alors même qu'il était proscrit en son nom.

Le 24 mars, le duc d'Orléans abandonna le chef-lieu du département du Nord, pour se retirer en Angleterre où sa famille l'avait devancé. La veille il avait adressé au duc de Trévise la lettre suivante:

« Je viens, mon cher maréchal, vous remettre en » entier le commandement que j'aurais été heureux » d'exercer avec vous dans le département du Nord.

» Je suis trop bon Français pour sacrifier les intérêts » de la France, parce que de nouveaux dangers me » forcent à la quitter. Je pars pour m'ensevelir dans » la retraite et dans l'oubli; le roi n'étant plus en » France, je ne puis plus vous transmettre d'ordres » en son nom, et il ne me reste qu'à vous dégager » de l'observation de tous les ordres que je vous » avais transmis, et à vous recommander de faire » tout ce que votre excellent jugement et votre » patriotisme si pur vous suggéreront de mieux » pour les intérêts de la France, et de plus con- » forme à tous les devoirs que vous avez à remplir. » Adieu, mon cher maréchal, mon cœur se serre » en écrivant ce mot. Conservez-moi votre amitié, » dans quelque lieu que la fortune me conduise, » et comptez à jamais sur la mienne. Je n'oublierai » jamais ce que j'ai vu de vous pendant le temps » trop court que nous avons passé ensemble. » J'admire votre noble loyauté et votre beau ca- » ractère, autant que je vous estime et que je vous » aime : et c'est de tout mon cœur, mon cher ma- » réchal, que je vous souhaite toute la prospérité » dont vous êtes digne. »

S'il faut en croire M. Fleury de Chaboulon, dans ses Mémoires sur les cent jours, le duc d'Orléans ne borna pas aux sentimens contenus dans cette lettre l'expression des vifs regrets qu'il éprouvait en s'éloignant de la France; il aurait dit aussi au colonel Athalin, son aide-de-camp, *qu'il le dispensait de franchir la frontière et de l'accompagner dans son exil; qu'il devait s'estimer heureux de pouvoir rester sur le sol de la patrie, et d'y conserver les signes glorieux qu'ils avaient portés à Jemmapes.* Quoi qu'il en soit, Twichenham devint encore, après tant de vicissitudes, la résidence de ce prince. Il y apprit que les journaux anglais avaient publié sous son nom des protestations et des professions de foi indignes de son caractère, et il se hâta de les désavouer.

La bataille de Waterloo ayant ramené les Bourbons sur le trône, le duc d'Orléans quitta l'Angleterre avec empressement, et revit son pays à la fin de juillet. Il fit lever le séquestre que le gouvernement impérial avait mis sur ses biens, et repassa le détroit pour aller chercher sa femme et ses enfans.

A son retour, il profita de l'ordonnance du roi qui autorisait les princes du sang à siéger à la chambre des pairs, et se prononça énergiquement contre la tendance réactionnaire que la majorité voulait imprimer au ministère en réclamant dans une adresse au roi, *sans ravir au trône les bienfaits de la clémence, l'épuration des administrations publiques et le châtiment des délits politiques*, que les colléges électoraux avaient déja provoqués dans des termes plus violens encore et avec moins d'égards pour la prérogative royale. « Laissons au roi, s'écria le duc d'Orléans, » le soin de prendre constitutionnellement les pré» cautions nécessaires au maintien de l'ordre pu» blic, et ne formons pas des demandes dont la » malveillance se ferait peut-être des armes pour » troubler la tranquillité de l'État. Notre qualité de » juges éventuels de ceux envers lesquels on re» commande plus de justice que de clémence, « nous impose un silence absolu à leur égard. Toute » énonciation antérieure d'opinion me paraît une » véritable prévarication dans l'exercice de nos » fonctions judiciaires, en nous rendant tout à la » fois accusateurs et juges. »

Ces paroles d'une haute sagesse ne convenaient point à la fureur du parti qui dominait alors ; elles furent repoussées, malgré l'appui du ministère, et ne servirent qu'à irriter les réacteurs contre le premier prince du sang.

Pour leur laisser le champ libre, et retrouver le repos qu'ils lui avaient enlevé, le duc d'Orléans se décida à faire un nouveau voyage en Angleterre, où il resta jusqu'après l'ordonnance du 5 septembre.

Depuis cette époque, il n'a pas cessé d'habiter Paris ou ses terres, protégeant et cultivant les lettres, offrant un asile dans sa maison aux victimes du pouvoir, ne craignant pas d'honorer de son amitié les membres les plus célèbres de l'opposition, et donnant aux grands un salutaire exemple en préférant pour ses enfans l'éducation publique des colléges à l'éducation princière et claustrale des palais. Une fois cependant, sa conduite parut en contradiction avec ses principes : ce fut à l'occasion d'un différend survenu entre lui et un acquéreur des biens qu'il avait perdus à la révolution. On crut généralement que des conseils perfides avaient seuls entraîné le prince à une démarche hostile, du moins en apparence, au maintien de la vente des domaines nationaux, dans le but de lui ravir l'immense popularité dont il jouissait. Heureusement, une généreuse et prudente transaction déjoua l'espoir de la malveillance, et rendit au duc d'Orléans son attitude franchement constitutionnelle.

A chaque nouvelle crise politique, le nom de ce prince a servi de ralliement aux mécontens des hautes classes ; mais toujours on a pu dire de lui, comme de son père, *qu'il n'était pas lui-même de son parti*. C'est pour avoir voulu démontrer cette vérité, dans une brochure pleine d'esprit et de raison, que M. Cauchois-Lemaire a subi, sous le ministère Villèle, une condamnation de quinze mois d'emprisonnement.

Le nom du duc d'Orléans n'avait été mêlé, depuis lors, à aucune discussion politique ; tranquille et retiré dans son palais, il donnait tous ses soins à faire valoir le plus possible ses riches propriétés pour assurer une existence plus brillante à sa nombreuse famille. Seulement on s'était plu à remarquer qu'à l'ouverture des chambres, en 1829, le roi avait laissé tomber sa couronne, et que le duc d'Orléans, qui se trouvait à sa gauche, s'était baissé pour la ramasser. Le séjour à Paris du roi de Naples, son beau-père, attira pendant quelques jours l'attention publique. Le duc d'Orléans lui donna une fête magnifique où se rendit la société la plus brillante de Paris. Un mot, qu'on prétend avoir échappé dans cette circonstance à M. de Salvandy, semblait présager ce qui vient d'arriver; quelqu'un, en lui faisant admirer les brillantes illuminations du Palais-Royal, et toute la magnificence de ce spectacle, lui dit : « C'est vraiment une fête napolitaine. — » Sans doute, répondit-il, nous sommes ici sur un » volcan. »

Bientôt, en effet, ce peuple si calme, deviendra terrible quand une main criminelle brisera ouvertement et sans pudeur la Charte de Louis XVIII. Quelques jours encore, et le monarque français sera bientôt réduit à demander au duc d'Orléans un sauf-conduit pour échapper à la justice nationale.

Le duc d'Orléans était à son château de Neuilly quand les ordonnances du 26 juillet parurent. Le

30, les députés réunis à Paris pensèrent qu'il était urgent de le prier de se rendre dans la capitale pour y exercer les fonctions de lieutenant-général du royaume, et ils nommèrent une commission pour transmettre ce vœu au prince. La commission s'empressa de lui écrire; le duc d'Orléans partit de suite et arriva à onze heures de la nuit. La commission retourna le lendemain 31 au Palais-Royal; elle fut admise aussitôt en présence du prince, qui déclara de nouveau que son intention était d'assurer les garanties du pays, comme il l'avait déjà annoncé dans la proclamation qu'il avait adressée aux habitans de Paris, et qui était ainsi conçue :

« Habitans de Paris,

» Les députés de la France, en ce moment réunis à Paris, m'ont exprimé le désir que je me rendisse dans cette capitale, pour y exercer les fonctions de lieutenant-général du royaume.

» Je n'ai pas balancé à venir partager vos dangers, à me placer au milieu de votre héroïque population, et à faire tous mes efforts pour vous préserver des calamités de la guerre civile et de l'anarchie.

» En rentrant dans la ville de Paris, je portais avec orgueil ces couleurs glorieuses que vous

» avez reprises et que j'avais moi-même long-temps » portées.

» Les chambres vont se réunir; elles aviseront » aux moyens d'assurer le règne des lois, et le » maintien des droits de la nation.

» La Charte sera désormais une vérité.

» LOUIS-PHILIPPE D'ORLÉANS. »

La chambre des députés, qui s'était assemblée de nouveau pour entendre le rapport de la commission qu'elle avait chargée d'aller porter la déclaration adoptée dans la précédente séance, nomma, sur la proposition de M. Lafitte, son président, une autre commission pour faire une adresse au peuple français, au nom de la chambre; elle fut écrite sur-le-champ et adoptée; la chambre décida en outre que cette proclamation serait portée au lieutenant-général du royaume par tous les députés présens. Ils se dirigèrent aussitôt vers le Palais-Royal. M. Lafitte lut au prince la proclamation. Aux mots d'organisation départementale et municipale confiée au choix des citoyens, il s'écria : « Voilà la vraie liberté ! » Et quand le président arriva à l'indispensable nécessité d'appeler le jury à juger les délits de la presse, il l'interrompit en disant : « Ah ! oui, bien certainement. »

M. Lafitte ayant terminé la lecture de la proclamation, M. le duc d'Orléans lui dit : « Donnez-moi, » je vous prie, votre discours; *ce sera la plus » belle pièce de mes archives.* » Et il ajouta avec émotion, en s'adressant à tous les députés présens : « Messieurs, les principes salutaires que vous pro- » clamez ont toujours été les miens. Vous me » rappelez tous les souvenirs de ma jeunesse, et » mes dernières années en seront la continuation. » Je travaillerai au bonheur de la France pour vous » et avec vous, comme un bon, comme un vrai » père de famille. Toutefois, les députés de la na- » tion me comprennent aisément lorsque je leur » déclare que je gémis profondément sur les dé- » plorables circonstances qui me forcent à accepter » la haute mission qu'ils me confient et dont j'es- » père me rendre digne. » Après cette allocution pleine de franchise, et si profondément sentie, le duc d'Orléans, suivi des députés, se rendit immédiatement à l'Hôtel-de-Ville. Il était seul à cheval, escorté de gardes nationaux et de citoyens qui formaient la chaîne autour des députés. Le prince portait un uniforme d'officier général, la décoration de la Légion-d'Honneur et la cocarde tricolore.

Arrivé à l'Hôtel-de-Ville, le duc d'Orléans fut reçu par les gardes nationaux qu'il salua, en disant : « Messieurs, c'est un ancien garde national » qui vient rendre visite à son ancien général. »

Le patriarche de la liberté et les membres de la commission municipale permanente, alors en séance, s'étaient avancés au-devant du prince qui, après avoir embrassé le général Lafayette, monta avec lui, suivi de tous les députés, au salon de réception. M. Viennet lut de nouveau, au nom de la chambre des députés, la proclamation qu'elle adressait au peuple français, et après un moment de silence, le duc d'Orléans répondit à peu près par ces mots : « Je déplore, comme Français, » le mal fait au pays et le sang qui a été versé; » comme prince, je suis heureux de contribuer » au bonheur de la nation. » Il se présenta ensuite au balcon en pressant sur son cœur le général Lafayette et en agitant un drapeau tricolore qui fut aussitôt arboré. Le prince revint ensuite au Palais-Royal, toujours suivi par un immense cortège qui faisait entendre les cris répétés de *vive la Charte ! vive la liberté ! vive le duc d'Orléans !*

Le lieutenant-général devait ouvrir la session de 1830 dans la salle des séances de la chambre des députés ; le 3 août, à une heure précise, une salve de vingt-un coups de canon annonça l'arrivée du duc d'Orléans. Il prit place avec son second fils, le duc de Nemours, sur un des plians de velours qui avaient été placés en avant d'un trône élevé sur le bureau du président. Alors le prince, visiblement ému, prononça le discours suivant :

« Messieurs les Pairs et Messieurs les Députés,

« Paris, troublé dans son repos par une déplorable » violation de la Charte et des lois, les défendait » avec un courage héroïque. Au milieu de cette » lutte sanglante, aucune des garanties de l'ordre » social ne subsistait plus. Les personnes, les » propriétés, les droits, tout ce qui est précieux et » cher à des hommes et à des citoyens, courait les » plus graves dangers.

» Dans cette absence de tout pouvoir public, le » vœu de mes concitoyens s'est tourné sur moi; ils » m'ont jugé digne de concourir avec eux au salut » de la patrie; ils m'ont invité à exercer les fonc- » tions de lieutenant-général du royaume.

» Leur cause m'a paru juste, les périls immenses, » la nécessité impérieuse, mon devoir sacré. Je suis » accouru au milieu de ce vaillant peuple, suivi de » ma famille, et portant ces couleurs qui, pour la » seconde fois, ont marqué parmi nous le triom- » phe de la liberté.

» Je suis accouru, fermement résolu à me dé- » vouer à tout ce que les circonstances exigeraient » de moi, dans la situation où elles m'ont placé, » pour rétablir l'empire des lois, sauver la liberté » menacée, et rendre impossible le retour de si » grands maux, en assurant à jamais le pouvoir de

» cette Charte, dont le nom invoqué pendant le » combat l'était encore après la victoire.

» Dans l'accomplissement de cette noble tâche, » c'est aux chambres qu'il appartient de me guider. » Tous les droits doivent être solennellement ga- » rantis; toutes les institutions nécessaires à leur » plein et libre exercice doivent recevoir les déve- » loppemens dont elles ont besoin. Attaché de cœur » et de conviction aux principes d'un gouvernement » libre, j'en accepte d'avance toutes les consé- » quences. Je crois devoir appeler dès aujourd'hui » votre attention sur l'organisation des gardes na- » tionales, l'application du jury aux délits de la » presse, la formation des administrations départe- » mentale et municipale, et, avant tout, sur cet » art. 14 de la Charte, qu'on a si odieusement in- » terprété.

» C'est dans ces sentimens, Messieurs, que je » viens ouvrir cette session.

» Le passé m'est douloureux; je déplore des in- « fortunes que j'aurais voulu prévenir; mais, au » milieu de ce magnanime élan de la capitale et de » toutes les cités françaises, à l'aspect de l'ordre » renaissant avec une merveilleuse promptitude, » après une résistance pure de tout excès, un juste » orgueil national émeut mon cœur, et j'entrevois » avec confiance l'avenir de la patrie.

» Oui, Messieurs, elle sera heureuse et libre cette

» France qui nous est si chère ; elle montrera à » l'Europe qu'uniquement occupée de sa prospérité » intérieure, elle chérit la paix aussi-bien que les » libertés, et ne veut que le bonheur et le repos » de ses voisins.

» Le respect de tous les droits, le soin de tous » les intérêts, la bonne foi dans le gouvernement, » sont le meilleur moyen de désarmer les partis et » de ramener dans les esprits cette confiance, dans » les institutions cette stabilité, seuls gages assurés » du bonheur des peuples et de la force des États.

» Messieurs les Pairs et messieurs les Députés, » aussitôt que les chambres seront constituées je » ferai porter à votre connaissance l'acte d'abdica- » tion de S. M. le roi Charles X : par ce même acte, » S. A. R. Louis-Antoine de France, dauphin, re- » nonce également à ses droits. Cet acte a été remis » entre mes mains, hier 2 août, à onze heures » du soir. J'en ordonne, ce matin, le dépôt dans » les archives de la chambre des pairs, et je le fais » insérer dans la partie officielle du *Moniteur*. »

NOTICE HISTORIQUE

SUR

M. DE LAFAYETTE,

GÉNÉRAL EN CHEF

DE TOUTES LES GARDES NATIONALES DE FRANCE.

LAFAYETTE (MARIE-PAUL-JEAN-ROCH-YVES-GILBERT-MOTIER, marquis de), né le 6 septembre 1757, à Chavagnac en Auvergne.

Issu d'une maison illustre, il reçut une éducation convenable au rang qu'il devait occuper dans le monde ; et lorsqu'il fut en âge d'y faire son entrée, il avait fait d'assez bonnes études pour pouvoir opter entre la gloire des lettres et celle des armes. Sans dédaigner la première, que lui avait léguée le tendre et spirituel auteur de *la Princesse de Clèves*, il aima mieux parcourir la carrière où un maréchal de son nom ; son oncle, tué en Italie ; et son père, qui tomba plein d'honneur à la bataille de Minden, s'étaient illustrés. Déjà il avait perdu sa mère. Très-jeune, il unit son sort à celui de mademoiselle de Noailles, fille du riche duc d'Ayen : il n'avait alors que seize ans. A la faveur de cette alliance, le marquis de Lafayette (1), soutenu par une famille puissante et en crédit à la cour, eût pu faire un chemin rapide dans la carrière des dignités et des honneurs; mais ces succès, il ne les aurait pas dus à un mérite éprouvé, et il lui répugnait de n'être protégé que par le hasard de sa naissance. Une passion irrésistible, qui ferait croire aux idées innées et à la bonne foi des prophètes, décida de sa vie : l'enthousiasme de la religion, l'entraînement de l'amour, la conviction de la géométrie, n'ont pas plus de puissance; voilà comme il aima la liberté, et comme il devait l'aimer toujours.

Au sortir du collège, où rien ne lui avait déplu que la dépendance, il vit avec mépris les grandeurs et les petitesses de la cour, avec pitié les futilités et l'insignifiance de la société, avec dégoût la minutieuse pédanterie de l'armée, avec indignation tous les genres d'oppression. Fatiguées du joug de leur métropole, treize colonies américaines avaient pris les armes; c'était pour un principe sur le droit de taxation qu'elles s'étaient insurgées. Déjà elles s'étaient créé un gouvernement indépendant, elles avaient publié une déclaration des droits, et elles s'étaient constituées en république fédérative.

(1) A l'avenir nous nous exprimerons d'une manière plus convenable; quand un nom est devenu aussi illustre, aussi national, ce serait un oubli que de l'accompagner d'une qualification, quelle qu'elle fût.

Mais pendant que le bruit de cet événement retentissait en Europe et occupait tous les cabinets, l'armée américaine, composée de milices levées à la hâte et mal organisées, était battue à Boroklin et marchait de défaite en défaite. Washington, au milieu de ces circonstances critiques, recevait une dictature qui devait sauver la cause américaine, et Franklin s'efforçait d'obtenir de Louis XVI des secours indispensables au succès de la lutte.

Le gouvernement français n'avouait pas encore sa joie de voir la puissance anglaise blessée dans ses intérêts les plus chers. Il refusait aux Américains un appui même indirect. Ce fut à ce moment si périlleux que Lafayette, par un élan magnanime, résolut de s'arracher des bras de sa jeune épouse, et de partir pour aller combattre dans les rangs de l'indépendance. Il avait imploré les envoyés d'Amérique pour obtenir d'eux un vaisseau qui le portât vers l'armée républicaine. Franklin avait eu la générosité de vouloir le détourner d'un projet qui paraissait téméraire au moment où les insurgés étaient battus de toutes parts. Il ignorait ce que peut la résistance sur un caractère dont la persévérance, dans ce qu'il juge un devoir, est le trait distinctif. « Jusqu'ici, répondit Lafayette à Franklin, je n'avais fait que chérir votre cause, aujourd'hui qu'elle est menacée je cours la servir; » plus elle semble tombée dans l'opinion publique,

» plus l'effet de mon départ sera grand, et plus il
» pourra vous être utile. »

Tout ce que l'on put alléguer pour le dissuader de son aventureuse entreprise ne fit que rendre plus vives ses instances. Sa destinée l'appelait à servir la liberté, il voulait l'accomplir; mais, sachant les envoyés sans ressources pécuniaires, il fréta lui-même un navire, et comptant pour rien les oppositions de la cour, il partit et aborda à Georges-Town, dans l'été de 1777; il apportait avec lui des dépêches importantes et des armes.

Son arrivée produisit une vive sensation en Amérique. « Le congrès, dit l'historien de l'indépendance,
» le congrès n'omit aucune des démonstrations qui
» devaient persuader au jeune Français et au peu-
» ple des colonies dans quelle estime il tenait sa
» personne, et combien il lui savait gré des périls
» qu'il avait courus, et qu'il allait courir encore
» pour être venu offrir son bras à une cause qui
» paraissait désespérée. Touché de cet accueil,
» Lafayette demanda la permission de ne servir
» d'abord qu'en qualité de volontaire et à ses pro-
» pres dépens. Cette générosité charma les Amé-
» ricains. Le congrès rendit un décret portant que
» le marquis de Lafayette, guidé par l'amour de la
» liberté, pour laquelle combattaient les États-
» Unis, ayant abandonné sa famille, ses parens,
» ses amis, et voulant consacrer sa vie à la dé-

» fense de l'Amérique, sans en recevoir aucun » émolument, ses services étaient acceptés; mais, » d'après les égards dus à sa famille et à lui-même, » il était convenable qu'il fût revêtu du grade de » major-général dans l'armée des États-Unis. Le » jeune Lafayette s'étant rendu au camp, fut ac- » cueilli avec honneur par Washington, et bientôt » s'établit entre eux cette amitié qui subsista jus- » qu'à la mort de cet homme illustre. »

Pendant que Lafayette était partout fêté comme un libérateur, l'armée américaine, dans le New-Jersey, attendait que celle des Anglais eût révélé par quelque grand mouvement le plan du ministère britannique. Ce plan ne tarda pas à être connu. Le général Howe, commandant les forces anglaises, débarqua dans le Maryland, et attaqua Washington près de Philadelphie. Les Américains, malgré des efforts inouïs et les bonnes dispositions prises par le général en chef, furent contraints de céder à l'impétuosité de leurs adversaires, et Lafayette fut blessé à la jambe, tandis qu'il cherchait, par ses paroles et par son exemple, à rallier les fuyards. Il venait d'assister au premier combat livré après son arrivée, et dès ce début il montra le sang-froid et l'intrépidité d'un guerrier consommé; il scella ainsi de son sang son union avec les Américains. Cette conduite lui concilia l'estime des soldats de l'indépendance et celle de Washington, esprit circonspect et méthodique, qui n'aventurait pas son amitié, mais qui ne retirait jamais une confiance qu'il n'avait donnée qu'à bon droit.

La bataille qui venait d'être livrée sur la Brandiwine amena la prise de la capitale de la confédération, qui tomba au pouvoir des Anglais. Les Américains eurent beaucoup à souffrir des avantages obtenus par leurs ennemis, et leur cause parut désespérée. Lafayette ne montra jamais plus de constance et d'activité qu'à cette malheureuse époque. Washington voulut tenter un coup de main sur Burlington, et il adjoignit Lafayette au général américain Green. Lorsqu'il songea à former une seconde fois l'armée du Nord, Lafayette fut encore désigné pour commander l'entreprise hasardeuse à laquelle on la destinait. La misère accabla les soldats-citoyens du camp de Walley-Forge, mais Lafayette y partagea avec une héroïque constance leurs affreuses privations et leurs dangers sans cesse renouvelés.

Ce fut pendant qu'il se montrait chaque jour plus digne de la cause qu'il était venu défendre, que la cour de Versailles, cédant à l'ascendant de l'opinion publique, à sa haine pour l'Angleterre, à l'entraînement des circonstances, se détermina à reconnaître solennellement l'indépendance des États-Unis.

Pour un gouvernement absolu, c'était faire à la face de l'Europe une singulière déclaration de principes, que de proclamer le droit d'insurrection des colonies contre leur métropole. Tous les hommes exercés à juger des événemens virent alors que la guerre allait être transportée d'Amérique en Europe, et qu'une grande perturbation politique allait marquer le commencement de l'ère des gouvernemens et des peuples du Nouveau-Monde. Dans ce drame où devaient se faire et se défaire bien des renommées, et où plus d'un nom devait être transmis à l'avenir, couvert de gloire ou d'opprobre, on verra celui de Lafayette grandir à chaque phase de la révolution d'Amérique. Il serait difficile de dire dans laquelle de ces circonstances il montra le plus de capacité et de vertu, à un âge où les fautes sont d'autant plus faciles que l'emportement du courage est plus irrésistible.

Washington avait des rivaux jaloux de sa gloire et blessés par son inflexibilité. Ils le calomnièrent au moment où l'armée de Walley-Forge semblait devoir s'anéantir dans la misère et le découragement. Washington opposa la chaleureuse amitié de Lafayette, et la calomnie se tut. On crut alors éblouir le jeune Français en lui offrant le commandement de l'armée du Nord, ce qui le dégageait de la tutèle du généralissime, qu'on espérait perdre plus aisément quand il n'aurait plus auprès de lui un aussi vigilant ami. Lafayette obéit aux ordres du congrès; mais s'étant assuré que sa présence dans le Nord ne pouvait avoir aucun résultat utile, il se hâta de demander son rappel sur le théâtre des principales opérations de la guerre, et de venir se replacer sous les ordres de Washington.

A peine investi d'un haut commandement, Lafayette avait signalé sa prudence en renonçant, faute de moyens, à l'attaque du Canada, et le congrès, dont il avait ainsi ménagé les ressources, lui en témoigna sa satisfaction. A quelque temps de là, cette assemblée lui en renouvela l'expression pour avoir défendu, avec une poignée d'hommes, une vaste frontière, et pour avoir combattu, dans un grand conseil de nations sauvages, l'influence jusqu'alors si puissante des Anglais, qu'il parvint à neutraliser par son éloquence appuyée de promesses et de menaces.

Ce fut vers la même époque qu'il reçut, dans la contrée qui ressortait de son commandement, le serment prescrit de renonciation au roi de la Grande-Bretagne, renonciation qui existait déjà de fait, mais qu'il y avait du courage à confirmer par une formalité.

A l'ouverture de la campagne de 1778, Lafayette dégagea un corps de deux mille hommes, avec leurs canons, que l'armée anglaise avait enveloppé à Barinkill. Les troupes anglaises, sous le général Clinton, ayant enfin été chassées de Philadelphie, par la haine de la population et l'infatigable activité de Washington, furent poursuivies dans leur retraite et atteintes dans les défilés de Freehold, près de Montmouth. Une grande action s'y engagea; Washington fut victorieux, et Lafayette contribua à ce triomphe en guidant une avant-garde qui fit des prodiges. Le comte d'Estaing venait de recevoir l'ordre d'agir contre les Anglais; on devait attaquer Rhodisland, Lafayette y prit le commandement de l'armée de Sullivan : mais la retraite de l'escadre française sur Boston ne permit pas de réaliser des plans dont on s'était promis les plus heureux résultats. Dans cette occurrence, Lafayette eut à défendre l'honneur de ses compatriotes, en apparence vivement compromis. La mésintelligence s'était glissée entre les deux nations, et, bien que sourde encore, elle menaçait d'éclater; il en prévint l'explosion. Revenu rapidement de Boston pour l'évacuation de l'île, il acheva avec bonheur et célérité le rembarquement de l'arrière-garde. Sa conduite dans cette conjoncture délicate lui valut les remerciemens du congrès.

Avec moins de sang-froid et de fermeté, que fût devenue l'alliance entre la France et l'Amérique? Celle-ci, dont la victoire n'avait pas encore fait une puissance, voyait plus que jamais compliquer la question de son indépendance; et telle est la chaleur des réactions dans les affections des Français, qu'il n'est pas sans vraisemblance que d'alliés ils fussent devenus ennemis. Ainsi ce fut un jeune homme de vingt ans qui préserva l'Amérique de ce malheur, et la France de cet affront. Ce jeune homme savait aussi, quand il en était besoin, soutenir, par une fermeté hostile, sa douceur conciliatrice.

Le gouvernement britannique, qui voyait ses armées se consumer en inutiles efforts, employait la ruse et les négociations pour vaincre l'obstination des Américains. Des commissaires, sous le prétexte de traiter avec le gouvernement des États-Unis, cherchaient à diviser les patriotes. L'un d'eux, Carlisle, se permit, dans un de ses manifestes, de dire que la France soufflait le feu de la guerre civile entre les Anglais des deux hémisphères. Le jeune Lafayette, qui portait à sa patrie cet amour auquel on a trouvé une sorte de caractère chevaleresque, demanda raison à Carlisle de cette offense. Celui-ci n'osa point accepter le cartel d'un si généreux adversaire, qui fut récompensé de ce trait de courage et de patriotisme, en Amérique, par plus d'amour, en France, par l'enthousiasme que les actions brillantes ne manquent jamais d'exciter chez une nation vive et brave.

Tandis que les combats étaient suspendus, Lafayette, couvert de la gloire de ses premiers faits d'armes, retourna en France hâter les secours destinés aux États-Unis. Prêt à s'embarquer, il reçut encore une fois du congrès les témoignages de la gratitude nationale. Les commissaires eurent ordre de se concerter avec lui. Franklin, au nom de ses compatriotes, lui fit présent d'une épée sur la coquille de laquelle il était représenté blessant le léopard britannique, et recevant un laurier de l'Amérique délivrée.

Comblé de la faveur universelle, accueilli par la cour et par la nation comme un héros, applaudi par Voltaire, chanté par tout ce qu'il y avait de poètes en France, Lafayette mit à profit tant de bienveillance pour servir sa seconde patrie. Il pressa les armemens, et, pendant qu'un corps de six mille hommes, sous les ordres du comte de Rochambeau, se préparait à aller secourir les États-Unis, il se rendit en Espagne.

Cette puissance, toujours lente dans ses déterminations, compliquait encore les difficultés infinies de sa diplomatie, par les gênes d'une étiquette aussi bizarre que rigoureuse. Le jeune Français, sans compromettre la cause qu'il défendait, ni blesser les égards dus aux usages diplomatiques, enleva, pour ainsi dire, les délibérations du cabinet de Madrid, et obtint un traité de commerce, qui bientôt fut changé en déclaration de guerre contre l'Angleterre. L'Espagne avait d'abord élevé des prétentions qui eussent été onéreuses aux États-Unis; le général sut la déterminer à y renoncer et repartit immédiatement pour l'Amérique. On l'avait accueilli avec joie il y avait trois années, on le revit avec reconnaissance.

L'Espagne, la Hollande, la France, faisaient la guerre à la Grande-Bretagne, et des secours de toute espèce étaient envoyés aux États-Unis. Lafayette rejoignit le camp de Washington, et prit, comme il l'avait fait auparavant, la part la plus active aux opérations de la guerre.

Ce fut vers ce temps qu'eut lieu la fameuse trahison du général Arnold. Lafayette était un de ceux qui, si elle eût réussi, eussent été livrés aux Anglais avec le généralissime. Il siégea, avec tous les officiers généraux de l'armée, au conseil de guerre qui jugea le trop célèbre espion André, que les lois condamnèrent à être pendu.

Arnold avait obtenu des Anglais un commandement digne de lui; il fut chargé de ravager les côtes de la Virginie. Lafayette, nommé au commandement de l'armée américaine dans cet État, lutta avec avantage contre lui. Il avait reçu du camp de Washington un courrier qui lui annonçait que les Anglais allaient porter leurs forces de la Caroline sur la Virginie. Il lui était prescrit de défendre jusqu'à la dernière extrémité cet État, au sort duquel était attaché celui de toute la partie méridionale des États-Unis.

Dans une situation si critique, ses troupes ne s'élevaient pas à plus de cinq mille hommes; elles étaient sans habits, sans argent, et presque sans vivres ; pour subvenir à leur entretien, il emprunta en son nom, et grèva d'hypothèques toutes ses propriétés d'Europe ; les dames consacrèrent leurs travaux et les produits de leur aiguille à venir au secours des soldats, qui consentirent à se passer de paye ; enfin Lafayette arrêta la désertion dans les rangs de ces derniers en parlant à leur honneur et à leur affection, et en faisant de leur renvoi la punition la plus mortifiante. Bientôt, dès qu'il put compter sur le moral de sa petite armée, il gagna à marches forcées Richemond, capitale de la Virginie, où étaient les magasins, et où il arriva quelques heures avant l'ennemi.

Un général que ses succès avaient rendu la terreur de l'Amérique, lord Cornwallis, très-supérieur en nombre et maître de la navigation intérieure, venait d'écrire à Londres que *le petit garçon ne pouvait lui échapper :* c'est ainsi qu'il appelait Lafayette ; mais après une lutte de cinq mois, durant lesquels une grande habileté fut déployée de part et d'autre, *le petit garçon* échappa.

Le résultat de cette guerre, dont l'adresse, la patience et le temps composent les élémens décisifs, fut d'éviter une bataille, de former des jonctions, de garantir les magasins, et après une suite de manœuvres et quelques actions partielles, d'enfermer Cornwallis et son armée dans une position calculée d'avance avec une certitude qui demandait à être justifiée par l'événement pour ne pas être taxée de témérité.

Cette position était en effet la plus favorable pour que le comte de Grasse, à son arrivée des îles, pût le bloquer par mer, tandis que Lafayette, renforcé par trois mille Français débarqués sous les ordres du marquis de Saint-Simon, prenait à Williamsbourg une position que Cornwallis jugeait inexpugnable. Grasse et Saint-Simon pressèrent Lafayette d'attaquer; mais, certain de tenir son adversaire, Lafayette voulut épargner le sang; et pour s'ébranler il attendit Wasingthon, qui amenait le corps de Rochambeau et la division de Lincoln. Ce fut alors que l'attaque eut lieu. Lafayette y déploya une intrépidité rare, et enleva à la baïonnette une redoute hérissée de canons dans laquelle il s'élança le premier. La victoire fut complète du côté des Américains, et la capitulation d'York-Town, en octobre 1781, décida du sort de la guerre. La joie des Américains fut portée à son comble. Le nom de Lafayette fut mêlé à toutes les louanges, à toutes les félicitations. Cette fois la prophétie de Cornwallis ne s'était pas accomplie : le petit garçon avait enlevé les redoutes et pris *le vieux renard*, comme dirent les Américains.

Le congrès décida bientôt, par une faveur encore inconnue dans la diplomatie, que les ministres plénipotentiaires de la république auprès des puissances, et spécialement celui près de la cour de France, communiqueraient à Lafayette, toutes les fois qu'il le désirerait, ce qui serait relatif à la situation des affaires publiques. Il partit alors comblé des bénédictions de l'Amérique, qui le voyait avec joie faire voile pour la France; car ce n'était que là qu'il pouvait consolider son ouvrage. Déjà il exerçait une grande influence; la marche des opinions, sa jeunesse et la mode, lui donnèrent, dans ses voyages d'Europe, une existence singulière, où tout, affaires et plaisirs, concourait au service des États-Uuis.

Arrivé dans sa patrie, où il fut transporté sur une frégate américaine, il s'occupa de presser l'envoi de nouveaux secours : à son instigation, une grande expédition se préparait à Cadix, sous les ordres du comte d'Estaing; il alla le rejoindre avec huit mille hommes qu'il amenait de Brest. Il s'agissait de diriger une attaque contre la Jamaïque, avec soixante-six vaisseaux, et vingt-quatre mille soldats embarqués sur les escadres françaises et espagnoles : Lafayette fut nommé chef des armées combinées; de la Jamaïque il devait se porter devant New-York, et avec six mille hommes il aurait entrepris, par le fleuve Saint-Laurent, la révolution du Canada : tout était prêt pour le départ, lorsque la paix fut signée. Lafayette en envoya la première nouvelle au congrès, et partit lui-même pour Madrid, où il était appelé par le chargé d'affaires américain, et où il ne lui fallut pas plus de huit jours pour renouer des relations politiques qui avaient été quelque temps interrompues.

Après ces événemens d'une si haute importance, il alla visiter les États-Unis. On ne saurait décrire les transports d'allégresse avec lesquels il fut reçu. Partout sa présence provoquait les fêtes et les réjouissances chez un peuple heureux de revoir son libérateur : son nom, donné à plusieurs forts et à deux comtés, était dans toutes les bouches, et sur les fonts baptismaux on l'imposait aux enfans qui naissaient libres par lui. Celui de Washington fut donné comme en échange à Georges Lafayette, fils aîné du général et filleul du premier président des États-Unis, et la première fille de Lafayette fut appelée *Virginie.*

Lafayette, pendant son séjour, assista à un traité avec les sauvages des Quatre Nations, et l'influence de celui que, sous le nom de *Kayewla*, ils vénéraient comme un père, en hâta la conclusion. Introduit en cérémonie au congrès, lorsque, par une résolution qui, à l'exception du général Washington, n'a eu lieu que pour lui, les représentans de l'Union daignèrent se former en comité d'un député de chaque État, pour le recevoir dans le lieu de leurs séances, il leur répondit par un dis-

cours qu'il termina par cette péroraison : « Puisse
» ce temple immense que nous venons d'élever à
» la liberté, offrir à jamais une leçon aux oppresseurs, un exemple aux opprimés, un asile au genre humain, et réjouir, dans les siècles futurs, les mânes de ses fondateurs. »

Après avoir refusé une dotation territoriale, assise dans les cantons les plus fertiles, Lafayette fut contraint de permettre que son buste fût inauguré au capitole de Virginie : depuis, cette image, offerte par le même Etat à la ville de Paris, fut placée dans la salle des électeurs de 1789, qui devait être aussi le premier temple de notre liberté.

De retour en Europe, Lafayette ne tarda pas à acquérir une popularité immense. Les mœurs simples du général, sa franchise américaine, tempérée par ce vernis de politesse française qu'il possède si bien, lui gagnèrent tous les cœurs, et n'attirèrent pas moins l'attention que le désir de connaître un héros, dont il semble que l'âme avait été trempée au feu de celle de Washington et de Franklin. Lafayette se mit à parcourir l'Allemagne, où il fut accueilli avec distinction par le grand Frédéric et par Joseph II, à qui il fut présenté. Ce fut dans les grandes manœuvres de Potsdam qu'il vit, pour la première fois, l'emploi de l'artillerie à cheval ; et il se promit de l'introduire en France. Vers le même temps, il s'occupa, avec Malesherbes, du sort des protestans, et de l'amélioration de la condition des nègres : il demanda que les premiers fussent réintégrés dans leurs droits civils, et il consacra des sommes considérables à l'affranchissement graduel des autres. Malheureusement cette œuvre si méritoire, dans laquelle il était secondé par madame de Lafayette, ne put pas être accomplie, et lorsque, six ans plus tard, la faction du 10 août triompha de Lafayette et de la constitution, les esclaves infortunés qu'il avait achetés à Cayenne pour les appeler à la liberté furent vendus et remis aux fers.

La révolution d'Amérique avait décidé l'indépendance des colonies continentales, et pour les insulaires un changement de système; il était temps que le continent européen s'occupât de son droit public, et se débarrassât de ce mélange fortuit d'institutions barbares qui faisait de l'avilissement de l'espèce humaine un état de nature, et de la royauté, de la noblesse et de la prêtrise, les trois élémens de l'ordre social. Lafayette se croyait prédestiné à cette réforme partout où elle serait tentée : lorsque quatre-vingt mille catholiques d'Irlande présentèrent une pétition pour obtenir leur émancipation, il serait allé les visiter, si, pendant que le gouvernement français le retenait, celui de Londres ne les avait en partie contentés : les patriotes bataves lui avaient témoigné de la confiance;

le ministère français allait enfin consentir à ce qu'il fût appelé à leur service, lorsque le brigandage de la cour de Berlin, le machiavélisme de la cour de Londres, et la lâcheté de la cour de France, ne lui laissèrent pas le temps de voler à leur secours.

Cette corruption de la diplomatie était telle, que Lafayette s'étant occupé avec Jefferson et quelques ministres d'Italie d'une coalition contre les Algériens, le gouvernement lui signifia que les grandes puissances trouvaient leur compte aux pirateries barbaresques.

Il avait aussi sollicité une expédition en Egypte, dont il se promettait de grands avantages. Mais, tandis que ces idées éparses et plusieurs autres étaient dominées par des obstacles, ce fut à la clé de la voûte, au centre de l'empire des opinions, que se fit l'explosion électrique. Lafayette se sentit aussitôt appelé à prendre part au renversement des abus. Deux fois les notables furent convoqués de 1787 à 1788. On vit alors paraître dans les débats politiques des noms inconnus, qu'ils ont rendus depuis si célèbres. Celui de Lafayette n'avait pas besoin de cette évidence nouvelle : le caractère, les principes, les succès du général, qui jusque-là n'avaient été que des titres à la renommée, devinrent des titres à la confiance : il avait celle du roi, et voulut la justifier en méritant celle de la nation.

A peine l'assemblée est-elle formée et les bureaux sont-ils composés, qu'il s'y signale par les propositions les plus patriotiques. Celui que présidait le comte d'Artois devint le plus remarquable par la généreuse hardiesse qu'y déploya Lafayette; il s'y prononça pour la suppression des lettres de cachet et des prisons d'État; il porta aux pieds du trône les cris des victimes qu'on multipliait au nom du trône, il y déposa aussi les justes réclamations des protestans, victimes d'une odieuse intolérance, et il obtint un arrêté en leur faveur; enfin, il fit la *motion* expresse (et ce mot nouveau, comme la chose qu'il exprime était nouvelle, fut alors prononcé pour la première fois) de la convocation de la nation représentée par ses mandataires : « Quoi! » s'écria le comte d'Artois, vous demandez des » états-généraux? — Oui, répondit-il, et même » mieux que cela. — Vous voulez donc que j'é- » crive et que je porte au roi, que M. de Lafayette » fait la motion de convoquer les états-généraux? » — Oui, monseigneur. »

Le prince n'eut à écrire que le nom de Lafayette.

Le silence fut général, et l'idée qui venait d'être jetée en avant, ne parut alors dans les bureaux comme dans la société, que la vaine expression d'un désir irréfléchi.

Lafayette sollicita en outre la réforme des lois criminelles; et, plus tard, il fit constater que le gouvernement avait reconnu le principe de l'élection pour les futures assemblées provinciales. En 1788, la noblesse de Bretagne lui ayant adressé ses réclamations contre les entreprises du gouvernement, il s'empressa de répondre *qu'il y adhérait, ainsi qu'à toute opposition aux actes arbitraires présens et futurs qui attenteraient ou pourraient attenter aux droits de la nation en général, et particulièrement à ceux de la Bretagne.*

La seconde assemblée des notables n'ayant marqué son existence que par l'esprit d'opposition au vœu général, la nécessité des circonstances provoqua enfin la convocation des états-généraux. Lafayette y fut nommé député; il y parla pour la première fois, le 8 juillet 1789, à l'appui de la célèbre motion de Mirabeau pour l'éloignement des troupes.

La situation critique où l'assemblée se trouvait alors, et l'opinion générale que des conseils avaient prévalu dans le gouvernement, le déterminèrent à ne pas différer d'offrir à l'assemblée et au public un projet de déclaration de droits; ce projet, qui fut adopté, portait la suscription suivante : *les droits de l'homme, et de l'homme vivant en société*; il était ainsi conçu : « La nature a fait les » hommes libres et égaux; les distinctions néces- » saires à l'ordre social ne sont fondées que sur

» l'utilité générale. — Tout homme naît avec des » droits inaliénables et imprescriptibles; tels sont: » la liberté de toutes ses opinions; le soin de son » honneur et de sa vie; le droit de propriété; la » disposition entière de sa personne, de son indus» trie, de toutes ses facultés; la communication de » ses pensées par tous les moyens possibles, la re» cherche du bien-être et la résistance à l'oppres» sion. — L'exercice des droits naturels n'a de » bornes que celles qui en assurent la jouissance » aux autres membres de la société. — Nul homme » ne peut être soumis qu'à des lois consenties par » lui ou ses représentans, antérieurement promul» guées et légalement appliquées. — Le principe » de toute souveraineté réside dans la nation; nul » corps, nul individu, ne peut avoir une auto» rité qui n'en émane expressément. — Tout gou» vernement a pour unique but le bien commun. » Cet intérêt exige que les pouvoirs législatif, exé» cutif et judiciaire, soient distincts et définis, et » que leur organisation assure la représentation » libre des citoyens, la responsabilité des agens, et » l'impartialité des juges. — Les lois doivent être » claires, précises, uniformes pour tous les ci» toyens. — Les subsides doivent être librement » consentis et proportionnellement répartis; — et, » comme l'introduction des abus et le droit des » générations qui se succèdent nécessitent la ré-

» vision de tout établissement humain, il doit être
» possible à la nation d'avoir, dans certains cas,
» une convocation extraordinaire de députés, dont
» le seul objet soit d'examiner et de corriger, s'il
» est nécessaire, les vices de la constitution. »

Les dangers croissaient pour l'assemblée nationale; nommé vice-président durant cette crise violente, Lafayette occupa le fauteuil pendant les nuits terribles des 13 et 14 juillet : il fit alors décréter la responsabilité des ministres, signalant par cette innovation introduite dans nos institutions constitutionnelles, l'existence du système représentatif, qui reçoit d'elle sa garantie et sa perpétuité.

Le général Lafayette se rendit à Paris, le 15 juillet, à la tête d'une députation de soixante membres de l'assemblée. Le peuple s'agitait dans tous les sens, encore frémissant de ses périls et surpris de son triomphe inattendu, la prise de la Bastille. Du milieu de ce mouvement surgit la pensée que la liberté conquise ne pouvait être sauvée que par le rétablissement de l'ordre. Dans cette foule bizarrement armée, il y avait tous les élémens d'une garde régulière; cent mille hommes à la fois furent illuminés de cette idée, et l'on peut affirmer qu'animée par une seule volonté comme par un seul besoin, la garde nationale se créa d'elle-même. Il lui fallait un chef; on délibérait à la commune, et l'on ne savait sur qui faire tomber ce choix, quand un buste, placé dans un angle de la salle, offrit au courageux et spirituel Moreau de Saint-Méry le plus heureux à-propos. Ce buste était celui de Lafayette, Moreau l'indique du doigt; tous les yeux se lèvent sur lui. Lafayette fut proclamé par toutes les voix. Dès ce moment commencèrent, avec la fondation de cette célèbre garde nationale, l'organisation, la régularité, la discipline que lui donna son chef.

La prise de possession du commandant-général fut l'ordre de démolir la Bastille. Dès le 16, cet ordre fut expédié; on l'exécuta avec transport : jamais l'ivresse du peuple n'avait été plus grande. Le 26, Lafayette, joignant la couleur des lis à celles de la ville, rouge et bleu, présenta à l'assemblée des électeurs la cocarde tricolore : « Cette » cocarde, dit-il, fera le tour du monde. »

Dans ces momens de troubles, plusieurs personnes durent l'existence au courage héroïque du général Lafayette, et à l'empire que lui avait donné sa popularité; cependant il donna sa démission, parce qu'il n'avait pu sauver Foulon et Berthier.

Rentré dans son commandement par suite des instances qui lui furent faites, il sut adoucir les formes acerbes de la procédure criminelle, d'après la demande qu'il en avait fait faire à l'assemblée constituante, par la commune de Paris. Le 5 octobre, à la suite de la plus terrible émeute que l'on eût encore vue, il marcha avec la garde nationale sur Versailles, où s'était porté le peuple de la capitale, et, le 6, il parvint à sauver la famille royale, qu'il ramena dans Paris, où vint aussi s'établir l'assemblée constituante.

Lafayette était trop dévoué à la cause de la liberté pour ne pas avoir des ennemis dans les partisans de l'ancien régime; aussi sa conduite, toute louable qu'elle fut dans cette circonstance, lui attira-t-elle des reproches. Louis XVI fut plus juste, il donna au général d'éclatans témoignages de sa satisfaction. La reine aussi s'exprimait avec une véritable reconnaissance. Malgré des ressentimens postérieurs, pouvait-elle oublier qu'elle n'avait été préservée que par son influence? Dans la plus grande violence de la tourmente populaire, appelée impérativement sur le balcon, elle y parut d'abord avec ses enfans, puis sans ses enfans, et pleine d'un trouble mal déguisé? A cet instant décisif, Lafayette se présenta: soudain les clameurs insultantes se changèrent en applaudissemens; il prit la main de la reine, et avec un sourire qui acheva de désarmer la foule, il baisa respectueusement cette main tremblante dans la sienne. Ce fut à la fois le signal et le gage de la réconciliation; les battemens de mains, les trépignemens de joie, éclatèrent de toutes parts, mêlés à des cris de bénédictions. La reine tourna vers le général ses yeux baignés de larmes; il y put lire avec une profonde émotion une gratitude sincère. Dans madame Élisabeth, ce sentiment ne devait pas s'effacer. Pendant sa captivité, cette princesse répéta plus d'une fois qu'elle devait la vie à Lafayette, et quand on accusait devant elle le général d'avoir manqué de vigilance, et que l'on faisait de l'irruption du château un grief contre lui : « Je trouve » indigne, disait-elle (ce sont ses propres expres- » sions), que l'on médite de se servir contre M. de » Lafayette d'une circonstance où il nous a sauvé » la vie. »

Après la translation du roi à Paris, la commune ordonna des recherches contre les auteurs de l'attentat des 5 et 6 octobre; le Châtelet informa. Mirabeau et le duc d'Orléans, bien que singulièrement compromis, furent renvoyés de toute accusation; mais Lafayette n'en restait pas moins convaincu de la culpabilité du duc d'Orléans, « et sur » le moment même, raconte M. de Ségur, dans une » conférence très-impérieuse d'une part, très-ti- » mide de l'autre, il fit entendre à ce prince qu'il » devait s'éloigner du royaume. »

Malgré toutes les contrariétés qu'il éprouvait, malgré le blâme que l'on déversait sur lui, Lafayette ne discontinua pas de servir avec le même zèle la cause de la révolution, sans s'écarter des principes de justice et de modération qui le distinguent. Dans le procès de Favras, qui s'était déclaré son ennemi personnel, il maintint l'indépendance des juges. Deux témoins déposaient que Favras avait projeté de faire assassiner le maire, et le commandant-général de la garde nationale; Lafayette, pour invalider ce témoignage, écrivit au Châtelet qu'un de ces deux témoins avait été dénonciateur du complot. Le lieutenant civil et le procureur du roi s'étant présentés chez Lafayette pour l'entretenir de quelques détails relatifs au service du tribunal, il saisit cette occasion pour leur dire: « A Dieu ne plaise que je soupçonne le » Châtelet de Paris d'être influencé par la crainte; » mais cette crainte serait une lâcheté bien gra- » tuite, car il n'y a aucun danger, et votre juge- » ment, quel qu'il soit, sera exécuté. » Peu de temps après, il fit relâcher un homme qui avait tiré sur lui un coup de fusil à bout portant, au Champ-de-Mars. Il demanda le jury anglais, les droits civils des hommes de couleur, la suppression des ordres, l'abolition de la noblesse héréditaire, et il insista surtout pour que l'égalité des citoyens fût proclamée. Après avoir refusé les places de connétable, de dictateur et de lieutenant-général du royaume, il fit décréter que le même individu ne pourrait commander les gardes nationales que d'un seul département, et il le fit au moment où les quatre millions de gardes nationaux de France allaient le demander pour leur chef. Ce fut en leur nom qu'il prêta le serment civique sur l'autel de la patrie, à la fête de la fédération de 1790.

Dans la discussion du 20 février de la même année, Lafayette proclama que l'insurrection était le plus saint des devoirs, lorsque l'oppression et la servitude rendaient une révolution nécessaire. Il institua avec Bailly le club des *feuillans* pour neutraliser les criminelles menées de celui des *jacobins,* et à son retour de Vincennes, où l'aristocratie avait formé une émeute dans le but de le faire assassiner, il chassa des Tuileries ces ridicules défenseurs du trône, qui prétendaient replonger la France dans l'ancienne barbarie, et ne rougissaient pas de prendre le nom de *chevaliers du poignard.*

Lorsque Louis XVI s'évada, après avoir protesté et engagé sa parole royale qu'il ne ferait rien pour se soustraire à la surveillance constitutionnelle, Lafayette ne dut qu'à sa popularité d'avoir échappé aux plus grands dangers, parce que, trompé par d'honnêtes apparences, il venait de répondre sur sa tête que le roi ne partirait pas: dans cette circonstance, il fut en butte aux accusations des deux partis. Mais l'inculpation d'avoir connivé à la fuite du roi, pour le servir en le laissant aller, comme le prétendaient les jacobins; ou pour le perdre en le faisant arrêter, selon les aristocrates, n'est pas moins fausse qu'absurde. Lafayette eût été un insensé d'envoyer Louis XVI sous le pouvoir d'un autre général pour attaquer et sa personne et la cause qu'il avait embrassée; et, quoique la reine, en s'étonnant qu'il vécût encore, se soit écriée : « Il a beau jeu pour sa république ! » pouvait-il tant risquer pour une chose contre laquelle il s'est déclaré après le prétendu succès ? Dans le premier cas, aurait-il pris sur lui de le faire poursuivre avant l'ouverture de l'assemblée? Dans le second, aurait-il attendu que le fugitif eût huit heures d'avance? Cette double calomnie devient encore plus ridicule, quand on connaît le caractère de Lafayette. Si dans cette grave circonstance il sauva la famille royale, il ne reconnut les droits de Louis XVI qu'après que ce prince eut accepté la constitution.

Le décret qui à cette condition rétablissait le roi sur le trône excita un soulèvement; des attroupemens s'étaient formés au Champ-de-Mars pour signer une pétition factieuse; le général Lafayette les dissipa, après avoir fait proclamer la loi martiale. Le 8 octobre 1791, Lafayette ayant fait accepter l'amnistie proposée par Louis XVI, se démit de son commandement, et prit congé de la garde nationale par une lettre où il retraçait ses principes de liberté et d'ordre public. Le même jour, il fit un discours d'adieux à la commune, et quitta bientôt Paris, où il avait constamment joui d'une popularité immense, d'autant plus remarquable, qu'il l'avait sans cesse employée à réprimer les intrigues factieuses et les excès de fureur ou de licence qui plus tard eurent un si funeste développement. Il se dirigea vers son pays natal, et fut partout, sur son passage, comblé d'honneurs volontaires et de marques d'affection. La garde nationale parisienne lui offrit la statue de Washington, et une épée forgée avec un verrou de la Bastille. La commune ordonna qu'il serait frappé une médaille en son honneur.

A peine s'était-il éloigné, qu'un grand nombre de citoyens tentèrent de le rappeler en l'élisant maire, en remplacement de Bailly; mais les jacobins triomphèrent, et Pétion fut nommé. Bientôt les émigrés parvinrent à former la première coalition. Le général Lafayette fut désigné pour commander une des trois armées chargées de repousser cette agression coupable. Lorsque le ministre Narbonne prononça son nom dans l'assemblée nationale, il fut salué par des applaudissemens, et ce nom, répété trois fois, fut trois fois accueilli par des acclamations unanimes. Lafayette, en traversant Paris, fut reçu en triomphe. La garde nationale borda les rues jusque hors de la barrière. Le président, M. de Vaublanc, lui dit au nom de l'assemblée, quand il se présenta à sa barre: « que » la France opposerait à ses ennemis la constitu- » tion et Lafayette. »

A son arrivée à l'armée, le général rétablit la discipline dérangée à dessein, moins par les jacobins que par les officiers royalistes, et parvint à la faire régner dans son commandement, et à faire regarder par les soldats la sévérité militaire comme une preuve de patriotisme. Il imagina le système des tirailleurs, tel qu'il a été pratiqué depuis avec succès, et vit enfin organiser l'artillerie légère dont il avait demandé l'introduction en France depuis son voyage de Prusse, en 1785.

Après ces préparatifs, il battit l'ennemi à Philippeville, à Maubeuge et à Florennes ; mais bientôt le cours de ses succès fut interrompu par les événemens de l'intérieur. Le système défensif fut abandonné par un ministère formé de concert entre l'intendant de la liste civile et les jacobins, et Lafayette devint l'objet des accusations de Dumouriez et de Collot d'Herbois. Rochambeau, outré d'une telle injustice, donna sa démission, malgré l'offre que lui fit Lafayette de réunir son armée à la sienne, et de servir sous lui : « Comment voulez-vous que je résiste à Dumouriez et aux jacobins, répondit Rochambeau à ses amis, lorsque Lafayette, qui a tant de titres à la confiance populaire, peut à peine se défendre contre eux ? »

Cependant les excès des désorganisateurs prenaient un caractère de plus en plus alarmant : les meilleurs patriotes en prévoyaient de funestes suites; mais les jacobins étaient si puissans, que personne n'osait attaquer corps à corps cette formidable secte. Lafayette crut devoir la dénoncer formellement: elle violait tous les jours la déclaration des droits qu'il avait le premier proclamés, la constitution nationale qu'il avait jurée. Dans une lettre écrite le 16 juin, il dénonça à l'assemblée législative la trame odieuse des contre-révolutionnaires; il prouva que c'étaient eux qui, sous le masque de la démagogie, tuaient la liberté par les crimes de la licence. Les jacobins de l'assemblée, ou plutôt les Girondins, qui s'en croyaient encore les chefs, attaquèrent sa lettre, non en face, mais de biais, en soutenant qu'il n'en était pas l'auteur. On en était là, lorsqu'on apprit, à l'armée qu'il commandait, les outrages commis, le 20 juin, envers le chef constitutionnel de l'Etat et sa famille. Lafayette prit sur-le-champ le parti d'aller lui-même à la barre de l'assemblée, appuyer sa dénonciation, loin de ses troupes, dont on avait prétendu que l'affection bien réelle lui servirait à braver les factions. Il prononça à la barre un discours qui fut vivement applaudi. L'assemblée, présidée par Girardin, l'invita aux honneurs de la séance. Après cette démarche courageuse, Lafayette se rendit aux Tuileries, où il reçut du roi et de la reine de vains remercîemens.

Le roi devait le lendemain passer en revue quatre mille gardes nationaux : Lafayette lui demanda de l'accompagner, annonçant le projet, lorsqu'il se serait retiré, de parler à ces citoyens armés, et de faire ce qu'il croirait utile à la constitution et à l'ordre public ; mais on ne voulait pas que ni la constitution, ni l'ordre public, ni même le roi, pussent être sauvés par le général de la révolution. Louis XVI, circonvenu comme il l'était toujours, fit contremander la revue dans la nuit, et ses dangereux amis mirent tout en œuvre pour déjouer l'intervention du seul homme qui pût préserver la monarchie.

Après avoir fait tout ce qui dépendait de lui pour soustraire le monarque aux périls qui le menaçaient, Lafayette, désespérant de rien obtenir, écrivit à l'assemblée une seconde lettre, et rejoignit tristement son armée.

Un moyen fort simple de rendre au roi et à son gouvernement la confiance publique, en sauvant sa vie et celle de sa famille, avait été imaginé par Lafayette : il avait proposé au roi de se rendre avec lui à l'assemblée, en plein jour, pour notifier son projet d'aller à Compiègne. Là, il aurait été protégé par la garde nationale de cette résidence, et par deux régimens de chasseurs commandés par l'ancien constituant, le maréchal-de-camp Latour-Maubourg. Alors le roi, dans une proclamation, aurait défendu à ses frères et aux émigrés d'aller plus avant, se déclarant prêt à marcher lui-même, si l'assemblée le trouvait bon, contre les ennemis étrangers, et se prononçant pour la constitution en termes qui n'eussent laissé aucun doute sur ses vrais sentimens. Probablement cette démarche aurait rassuré tous les constitutionnels sincères, et n'aurait laissé dans d'autres partis qu'un petit nombre d'adversaires; le roi aurait pu alors rentrer dans Paris aux acclamations du peuple. Ce prince, trompé par les espérances que lui avait fait concevoir le duc de Brunswick, qui l'assurait qu'il serait dans peu à Paris, ainsi que l'attestent les mémoires des royalistes les mieux instruits, refusa de suivre de salutaires conseils. La vie du roi était peu de chose pour la cour, auprès du recouvrement de ses privilèges : aussi disait-on publiquement aux Tuileries : *Nous savons bien que M. de Lafayette sauvera le roi; mais il ne sauvera pas la royauté.* La reine répondait à des amis royalistes qui même avaient eu soin de rendre la proposition primitive plus agréable aux oreilles royales : « Il serait trop fâcheux » pour nous de devoir deux fois la vie à M. de La- » fayette (faisant allusion aux événemens du 6 oc- » tobre.) — Nous sommes bien reconnaissans en- » vers votre général, disait-elle un jour à son aide- » de-camp Lacolombe : mais ce qu'il y aurait de » mieux pour nous, serait d'être enfermés pour

» deux mois dans une tour. » Rapprochement assez étrange quand on se rappelle qu'après le 10 août cette malheureuse famille fut transférée à la tour du Temple.

Les jacobins prenaient le dessus. Le 30 juin, l'effigie de Lafayette fut brûlée au Palais-Royal, et lui-même fut mis en accusation par les républicains : mais cette grande question de le faire juger, question qui en contenait bien d'autres, fut résolue en sa faveur à l'appel nominal, sous les menaces et les cris des forcenés entassés dans les tribunes, à une majorité de plus des deux tiers des voix. C'était une déclaration solennelle des sentimens de l'assemblée. Les membres les plus respectables furent assaillis, en sortant, à coups de pierre, de bâton et de sabre. Le lendemain, ainsi qu'on peut le voir dans les éditions du *Logographe* qui n'ont pas été mutilées, l'assemblée presque entière se leva pour déclarer qu'elle n'était pas libre. La suite de cette déclaration devait être un appel au général d'armée Lafayette ; mais il n'était plus temps, du moins à Paris : ce n'était donc qu'au dehors qu'on pouvait tenter quelque chose.

Le général Lafayette conçut alors le projet de former une espèce de congrès des départemens. Il se flattait, mais en vain, qu'une portion des administrations électives et populaires de soixante-quinze départemens, qui avaient formellement adhéré à sa lettre du 15 juin, se réuniraient contre les violateurs du pacte national; il espérait qu'une partie des membres de l'assemblée législative chercherait son salut hors Paris, et il avait pris des mesures pour les recueillir. Le seul département des Ardennes, dans lequel il était, consentit à lui donner des ordres. La vertueuse municipalité de Sédan, avec un dévouement qui depuis l'a conduite à l'échafaud, fit arrêter les commissaires qui venaient au nom de l'assemblée, leur déclarant qu'ils n'étaient que les représentans d'une minorité factieuse, et qu'ils étaient retenus afin de servir d'otages pour les députés constitutionnels du département. La portion d'armée qui était au camp retranché de Sédan fut requise par la municipalité de prêter le serment civique à la nation, à la loi et au roi; elle le prêta malgré le mécontentement de quelques individus, qui furent vivement réprimés. Mais tout manquait d'ailleurs à la fois au général constitutionnel, et tous les efforts, toutes les intrigues de la cabale se portaient sur ce point isolé du corps de troupes qui était avec lui. Déjà celles de Mouzone étaient ébranlées. Les ennemis approchaient, et Lafayette ne voulait pas leur livrer le passage. Ses sentimens et sa conduite, à cet égard, sont expliqués dans une lettre qu'il écrivit, dans sa prison de Magdebourg, à M. Archenholtz, l'auteur du célèbre journal *la Minerve.*

Quelques personnes ont accusé Lafayette d'avoir manqué de résolution à cette époque, mais ces personnes ont-elles bien calculé les obstacles sans nombre qui s'opposaient à la réussite de ses desseins? Il n'ignorait pas que sa tête était à prix, et il ne voulait pas traiter avec les ennemis de son pays. D'ailleurs le parti vainqueur était tellement puissant, qu'en cherchant à lutter contre lui plus long-temps, il exposait le salut de son armée et livrait nos frontières aux émigrés, et la France à une invasion étrangère. Tous ces motifs déterminèrent le général Lafayette à passer dans un pays neutre. Il ne prit avec lui que le petit nombre d'officiers dont la vie était évidemment compromise. Il renvoya de la frontière ses ordonnances, pour porter aux postes avancés l'ordre de se replier derrière la Chicos. Aussi, lorsque apprenant le départ de Lafayette, le général en chef, Clairfait, voulut profiter de cette circonstance pour attaquer son armée, il la trouva si bien postée et retranchée, qu'il ne put pas l'entamer.

Lafayette et ses compagnons, au nombre de vingt-deux, étant tombés dans un poste autrichien, demandèrent en vain le passage, comme officiers constitutionnels qui avaient quitté l'armée pour se retirer en pays neutre. Lafayette ayant été reconnu, il n'en fallut pas davantage pour qu'on les arrêtât : il fit alors, avec ses compagnons, devant un officier public qu'ils demandèrent à cet effet, une déclaration de principes patriotiques, afin de se bien distinguer des émigrés armés contre leur patrie. On les conduisit à Namur, à Nivelle, et ensuite à Luxembourg. Lafayette et trois autres membres de l'assemblée constituante, Latour-Maubourg, A. Lameth et Puzy, furent envoyés à Wezel, comme prisonniers d'État. L'ordre de leur arrestation était arrivé peu d'heures après leur départ. A Namur, le commandant de la place était le marquis de Chasteler; celui-ci dit à Lafayette que le prince Charles avait été chargé, par leurs altesses royales, de causer avec lui sur la situation de la France, et il lui fit entendre que, d'après les sujets de plaintes qu'il avait contre sa patrie, on espérait tirer de lui quelques renseignemens. « Je » ne sais, répondit Lafayette, si on a donné pareille » commission; mais je ne pense pas que personne » ose s'en acquitter près de moi. » Le soir, le marquis de Chasteler vint revoir les prisonniers, et prenant à part Lafayette, il lui montra un projet de lettre qu'on allait, disait-il, écrire à leurs altesses royales la gouvernante des Pays-Bas et le duc de Saxe : on y parlait des opinions de Lafayette d'une manière inexacte, et particulièrement on lui supposait des regrets sur l'abolition de la noblesse. « Je » vous sais gré de vos intentions, dit-il à M. de Chasteler : mais je dois vous déclarer que si vous tra-

» vestissiez ainsi mes principes et mes sentimens, » je serais obligé de démentir hautement les asser» tions que votre bienveillance vous a inspirées. » A Nivelle, il y eut une tentative pour assassiner Lafayette; elle avait été précédée d'un pamphlet de Rivarol, avec cette épigraphe : *Et dubitamus adhuc mercedem extendere factis!* Quelques jours après, vint un major autrichien, chargé par le duc de Saxe de recevoir le trésor qu'on supposait emporté par Lafayette, et qui, disait-on, devait être séquestré au profit de sa majesté très-chrétienne. « Tout ce que je comprends à cette étrange » commission, répondit énergiquement Lafayette » au major, c'est qu'à ma place M. le duc de Saxe » aurait *volé* le trésor de l'armée. »

Cette réponse n'exempta pas les prisonniers d'être fouillés. Lafayette étant tombé dangereusement malade dans sa prison de Wesel, le roi de Prusse, croyant profiter de son abattement, lui fit proposer d'adoucir les rigueurs de sa captivité s'il consentait à donner des plans contre la France; Lafayette ne répondit qu'en montrant son mépris pour une telle proposition; alors on le traita encore plus cruellement qu'auparavant. Jeté sur une charrette, il fut transféré à Magdebourg, où il resta un an enfermé dans un souterrain humide et obscur. Il fut successivement jeté dans les cachots de Glatz, de Neiss et d'Olmütz, où on le transporta lorsque le roi de Prusse fit sa paix avec la France.

Désormais sous la garde de l'Autriche, Lafayette eut à endurer des souffrances inouïes. On le dépouilla de ce que les Prussiens lui avaient laissé; on confisqua jusqu'aux livres qu'il avait avec lui. Malgré trois attestations de médecins sur l'indispensable nécessité de l'air pour Lafayette, ses gardiens répondirent *qu'il n'était pas encore assez mal*. Jamais prisonnier n'avait été traité avec plus d'inhumanité.

Indigné de ces atroces persécutions, un jeune Hanovrien, le médecin Bollman, conçut le projet de le délivrer. A ce noble dessein s'était associé un jeune Américain, Huger, fils d'un officier de la Caroline, chez lequel Lafayette avait débarqué pour la première fois en Amérique. Huger et Bollman firent parvenir un avis à Lafayette, se rendirent avec des chevaux sous les remparts où l'on devait conduire le prisonnier, et tentèrent de l'enlever au moment où, ayant écarté quelques-uns de ses gardes, il s'efforçait de désarmer l'homme resté près de lui. Dans cette lutte, Lafayette se donna un effort dans les reins, et le caporal geôlier, qu'il avait fini par désarmer, lui déchira avec les dents la main jusqu'à l'os. Ses généreux libérateurs parvinrent cependant à le mettre à cheval, mais avec un si complet oubli de leur propre sûreté, qu'ils eurent beaucoup de peine à retrouver leurs chevaux pour s'échapper. Cette perte de temps et les cris des gardiens ayant attiré du monde et des troupes, Huger fut pris d'autant plus tôt, qu'il se sacrifia avec un dévouement héroïque. Lafayette et Bollman s'étaient séparés pour faciliter leur évasion. Bollman, parvenu dans les États prussiens, y fut arrêté et livré à l'Autriche. Lafayette fut atteint et repris à huit lieues d'Olmütz. Dès ce moment on redoubla de barbarie à son égard; il était malade, on le laissa sans secours, sans lumière, sans linge, sans communication avec personne. Enfin, après avoir passé seize mois dans les cachots de Robespierre, sa vertueuse épouse, si connue pour sa tendresse, son courage et toutes les nobles qualités de l'ame, et devant qui Voltaire, au terme de sa carrière, s'était agenouillé, comme étant la femme de l'illustre fils adoptif de Washington, courut avec ses filles partager sa captivité. Alors les princes de la coalition purent assouvir sur toute la famille leur haine et leur vengeance.

Tous les vrais amis de la liberté réclamèrent en vain la délivrance de Lafayette; en vain un guerrier ennemi, Fitz-Patrik, fit-il entendre la voix de la raison et de l'humanité dans le parlement d'Angleterre, en demandant que la chambre des communes priât le roi d'interposer sa médiation auprès de l'empereur d'Allemagne, afin d'obtenir de lui la liberté des prisonniers d'Olmütz, en vain Fox et les plus éloquens orateurs appuyèrent-ils la motion de Fitz-Patrik; la froide raison d'État, alléguée par Pitt et par ses adhérens, glaça les premiers, et détourna avec habileté l'effet d'une bienveillance importune. En vain les Etats-Unis employèrent-ils leur intercession pour faire cesser une iniquité trop long-temps prolongée; l'Autriche était inflexible, inexorable. Cependant cinq années de tortures auraient dû la satisfaire; mais c'était à l'échafaud qu'elle eût voulu conduire ses victimes. Les vicissitudes d'une guerre dans laquelle elle s'était engagée devaient enfin la contraindre à abandonner sa proie.

L'heure de la délivrance approchait. A l'époque de la proscription de Lafayette, Bonaparte était encore un officier inférieur et inconnu, mais lorsque le vœu public, une partie des conseils et le directoire, s'occupèrent efficacement des prisonniers d'Olmütz, Bonaparte était général en chef de l'armée d'Italie. Il s'était couvert de gloire, et c'était le plus grand personnage que la France pût présenter à ses amis comme à ses ennemis. Il ne tarda pas à être chargé avec le général Clarke de négocier la paix: ce fut à lui que le gouvernement français s'adressa pour stipuler la reddition des prisonniers d'Olmütz. Il est superflu de transcrire ici les arrêtés et la correspondance du gouvernement au sujet de cette négociation. On trouve dans la correspondance de Napoléon Bonaparte, imprimée chez Panckouke (1820, tom. VII, pag. 201), la lettre suivante, qui vraisemblablement fut la dernière, datée du 14 thermidor an V (1er août 1797); elle est écrite par Carnot, alors président du directoire exécutif, et est conçue en ces termes: « Sur de nouvelles réclamations que » l'on adresse au directoire, citoyen général, con- » cernant les prisonniers d'Olmütz, le directoire » vous rappelle le désir qu'il vous a manifesté de » voir cesser leur captivité le plus tôt possible. Il » ne doute pas que vous ne partagiez l'intérêt que » leur malheur lui inspire. »

Le général Bonaparte mit à l'exécution de ces instructions toute l'énergie de son caractère. On l'a souvent entendu répéter que, de toutes les choses qu'il avait été chargé de demander aux puissances étrangères, la délivrance des prisonniers d'Olmütz était celle qu'il avait eu le plus de peine à obtenir. Ce ne fut qu'après cinq mois de pourparlers réitérés et de négociations souvent interrompues et reprises, que l'on consentit à les mettre en liberté. On les conduisit à Hambourg, et, par une singulière morgue autrichienne, ils furent livrés non au ministre de France, mais au consul des États-Unis.

Sur ces entrefaites, le 18 fructidor avait eu lieu; et quoique, dès le lendemain de cette journée, le ministre des relations extérieures, Talleyrand, eût écrit avec beaucoup de bienveillance aux généraux Bonaparte et Clarke que, malgré les changemens survenus, le gouvernement persévérait dans ses bonnes dispositions à l'égard des prisonniers d'Olmütz; quoique le ministre Rheinhard eût annoncé à ces derniers avoir pour eux les meilleures intentions, ils ne voulurent pas adhérer à ce qui venait de se passer à Paris. Lafayette observa au ministre, qu'après s'être opposés, le 10 août, à une première violation des autorités constituées par le vœu du peuple, ils ne souscriraient jamais à payer leur rentrée par l'éloge d'une violation des autorités, constituées nationalement aussi, par la constitution de l'an III. « Je ne fus jamais » plus républicain, ajouta-t-il, que le jour où je » défendis jusqu'à la dernière extrémité la constitution de 1791, émanée de la souveraineté du » peuple français; et c'est en vertu du même esprit » de républicanisme que je crois devoir refuser » mon approbation au 18 fructidor, qui, sous prétexte de défendre la république, vient de lui » porter un coup mortel, surtout par les mesures » tyranniques dont il a été suivi. » Les prisonniers d'Olmütz déclarèrent en outre qu'en adressant leurs remerciemens au directoire, ils ne pouvaient pas garder le silence sur deux des directeurs ainsi que sur plusieurs membres des deux conseils qui n'avaient pas moins que les autres coopéré à leur délivrance. Comme on n'admit pas cette transaction, ils écrivirent des lettres individuelles aux trois directeurs restans ainsi qu'au ministre des relations extérieures, qui, à cet égard, représentait la république; mais ils restèrent hors de France, en pays neutre, où ils arborèrent la cocarde tricolore, et furent traités, dans l'occasion, par les autorités républicaines non comme émigrés ou proscrits, mais comme citoyens français.

Après un séjour en Holstein, Lafayette fut invité par la république batave à venir dans son sein: il s'établit à Utrecht sans que le gouvernement français en témoignât le moindre mécontentement. Enfin eurent lieu les événemens du 18 brumaire. Lafayette partit pour Paris sans autorisation préalable des consuls, et leur manda que, puisqu'ils avaient l'intention d'établir la liberté, l'égalité et les principes de 89, il se croyait en sa place en France, et en effet il ne tarda pas à revoir sa patrie.

On s'est souvent demandé pour quels motifs Lafayette avait été si cruellement traité par les Autrichiens. Avant de répondre à cette question, il n'est pas inutile de rappeler une vérité depuis long-temps évidente, et que chaque révélation de l'histoire démontre de plus en plus, c'est que les véritables amis de la liberté sont bien plus odieux à ses adversaires que les hommes qui n'embrassent sa cause que pour la souiller par des excès ou par des crimes.

De retour en France, Lafayette vécut éloigné du théâtre des affaires publiques. Retiré dans la Haute-Loire, et appelé, au mois de thermidor an 9, à faire partie du conseil-général de ce département, il y prit une seule fois la parole, et ce fut pour y faire une déclaration de principes contradictoires avec les vues du gouvernement. Le discours qu'il prononça fut un examen de sa vie passée, une confession de sa conscience, et la confirmation de sa volonté ferme de persévérer dans la doctrine sociale de laquelle il ne s'est jamais écarté. « Loin des affaires publiques, dit-il en » terminant, et me consacrant enfin au repos de la » vie privée, je forme des souhaits ardens pour que » la paix extérieure soit bientôt le fruit des mira- » cles de gloire qui viennent de surpasser les pro- » diges des campagnes précédentes, et pour que » la paix intérieure se consolide sur les bases es- » sentielles et invariables de la vraie liberté. Heu- » reux que vingt-trois années de vicissitudes dans » ma fortune et de constance dans mes principes » m'autorisent à répéter que si, pour recouvrer ses » droits, il suffit toujours à une nation de le vou-

» loir ; elle ne les conserve que par une austère
» fidélité à ses obligations. »

Cette paix extérieure, qui était dans les vœux de Lafayette, nos légions la conquirent à Marengo. Ce fut seulement alors qu'il eut occasion de voir Bonaparte. Son fils, Georges Lafayette, avait fait cette campagne comme officier de hussards; et, après avoir reçu deux blessures à la bataille du Mincio, il venait de rentrer avec l'armée triomphante. Le général Lafayette fut accueilli très-amicalement par le premier consul, avec qui il passa trois jours à la campagne, chez son frère Joseph : ils se virent fréquemment, eurent ensemble plusieurs entretiens dans lesquels, on peut le croire, il ne furent point d'accord pour leurs opinions politiques, mais où les rapports furent de part et d'autre très-bienveillans.

Ce fut durant cet intervalle, jusqu'au consulat à vie, que Lafayette fut vivement sollicité par Napoléon d'accepter une place de sénateur. Des membres du tribunat, du corps législatif et du sénat, joignirent leurs instances à celles du premier consul; plusieurs anciens amis du général, parmi lesquels étaient Talleyrand, le maréchal Lefèvre, le général Dumas, furent chargés de l'engager à devenir le collègue des Grégoire, des Lanjuinais, qui avaient cru leurs principes et leurs exemples d'un assez grand poids pour l'opposer à celui du despotisme, qui comprimait l'anarchie, mais entraînait la république : « Associé, dès l'origine, » aux institutions qui ont triomphé de l'Europe, » écrivait Lafayette au ministre de la guerre qui » l'avait pressé d'accepter, uni de cœur aux géné» raux de la république, je n'ai jamais cessé d'être » leur camarade, et je ne prétends pas, après tant » de victoires, devenir leur concurrent. » Enfin Bonaparte, espérant être plus heureux pour vaincre les scrupules de Lafayette, tenta lui-même une dernière démarche auprès de lui; mais le général lui répondit, comme il l'avait fait à toutes les personnes qui lui avaient été adressées : « que, d'après la di» rection que l'on prenait, ce qu'il en voyait déjà, » et ce qu'il lui était facile de prévoir, lui faisaient » penser qu'il ne lui convenait pas d'entrer dans » un ordre de choses contraire à ses principes, et » où il aurait à combattre sans succès, comme sans » utilité publique, l'homme à qui il venait d'avoir » les plus grandes obligations. »

Malgré ce refus, et les motifs sur lesquels il se fondait, le premier consul et Lafayette continuèrent de se voir jusqu'à l'époque du consulat à vie. Le vote de Lafayette fut ainsi conçu : « *Je ne puis » voter pour une telle magistrature, jusqu'à ce » que la liberté publique ait été suffisamment ga-*

» *rantie ; alors je donne ma voix à Napoléon* » *Bonaparte.* » Il écrivit en même temps au premier consul :

« Général, lorsqu'un homme pénétré de la re» connaissance qu'il vous doit, et trop sensible à la » gloire pour ne pas aimer la vôtre, a mis des res» trictions à son suffrage, elles sont d'autant moins » suspectes, que personne ne jouira plus que lui » de vous voir premier magistrat à vie d'une répu» blique libre.

» Le 18 brumaire sauva la France, et je me sentis » rappelé par les professions libérales auxquelles » vous avez attaché votre honneur. On vit depuis, » dans le pouvoir consulaire, cette dictature répa» ratrice qui, sous les auspices de votre génie, a » fait de si grandes choses, moins grandes ce» pendant que ne le sera la restauration de la » liberté.

» Il est impossible que vous, général, le premier » dans cet ordre d'hommes, qui, pour se compa» rer et se placer, embrassent tous les siècles, vueil» lez qu'une telle révolution, tant de victoires et de » sang, de douleurs et de prodiges, n'aient pour le » monde et pour vous d'autres résultats qu'un ré» gime arbitraire. Le peuple français a trop connu » ses droits pour les avoir oubliés sans retour ; mais » peut-être est-il plus en état aujourd'hui que dans » son effervescence de les recouvrer utilement ; et

» vous, par la force de votre caractère et de la con-
» fiance publique, par la supériorité de vos talens,
» de votre existence, de votre fortune, pouvez, en
» rétablissant la liberté, maîtriser les dangers, ras-
» surer toutes les inquiétudes. Je n'ai donc que des
» motifs patriotiques et personnels pour vous sou-
» haiter dans ce complément de votre gloire une
» magistrature permanente; mais il convient aux
» principes, aux engagemens, aux actions de ma
» vie entière, d'attendre pour lui donner ma voix,
» que la liberté ait été fondée sur des bases dignes
» de la nation et de vous.

» J'espère que vous connaîtrez ici, général, comme
» vous l'avez déjà fait, qu'à la persévérance de mes
» opinions politiques se joignent des vœux sincères
» pour votre personne, et un sentiment profond de
» mes obligations envers vous. »

Napoléon suivit d'autres maximes; il y fut encouragé par l'approbation sincère d'un grand nombre de ses partisans et de ses ennemis; et par tous ces hommes qui ne conçoivent pas que l'intérêt général et la bonne foi sont à la longue la meilleure des politiques.

Le trône impérial fut érigé; Lafayette, dont Napoléon avait méconnu la voix, n'eut plus de relations avec lui. La lettre par laquelle il avait osé demander des garanties, fut la dernière sous l'empire. Deux fois la France put demander à l'Amérique de la soutenir à son tour dans la grande lutte où le maintien de son indépendance l'avait engagée. En 1806, la violence du chef de l'État fit échouer le plan de guerre maritime projeté contre l'Angleterre. Il eût peut-être été facile d'obtenir tout des États-Unis, en leur envoyant Lafayette comme ambassadeur; mais Napoléon haïssait les grandes popularités et les principes républicains; il ne voulut point avoir recours au général. Les choses furent si mal conduites, que l'on vit le moment où la guerre éclaterait entre la France et l'Amérique. De nouvelles contestations eurent lieu plus tard entre ces deux puissances; cette fois elles se terminèrent plus heureusement. L'Amérique déclara la guerre à la Grande-Bretagne; mais pour hâter cette résolution, on ne consentit jamais à recourir à l'intervention officielle de Lafayette. Napoléon ne pouvait pas lui pardonner sa longue persistance dans des opinions qu'il regardait comme dangereuses pour toute domination absolue : aussi le dénonça-t-il plusieurs fois dans sa cour et dans ses conseils, comme le seul Français qui ne fût pas ce qu'on appelle converti.

« Tout le monde en France, disait Napoléon, » est corrigé des idées extrêmes de liberté; il n'y » a qu'un homme qui ne le soit pas, et cet homme, » c'est Lafayette. Vous le voyez tranquille; eh bien,

» s'il y avait une occasion de servir ses chimères, il » reparaîtrait plus ardent que jamais. » A son retour de Russie, où deux cent mille hommes venaient d'être sacrifiés, Napoléon ne répondit à l'adresse du conseil-d'État, le 20 décembre 1812, que par une sortie sur « la métaphysique ténébreuse qui, » en faisant des causes premières la base de la lé- » gislation, avait fait le malheur de notre belle » France et amené le régime des hommes de sang. » En effet, ajouta-t-il, qui a proclamé le principe » *de l'insurrection comme un devoir?* qui a adulé » le peuple en le proclamant à une souveraineté » qu'il était incapable d'exercer? qui a détruit la » sainteté et le respect des lois, en les faisant dé- » pendre, non des principes sacrés de la justice » de la nature des choses, et de la justice civile, » mais seulement d'une assemblée composée d'hom- » mes étrangers à la connaissance des lois civiles, » criminelles, administratives, politiques et mili- » taires? Lorsqu'on est appelé à régénérer un État, » ce sont des principes constamment opposés qu'il » faut suivre. » L'événement ne devait pas prouver que cette doctrine fût la meilleure même pour réussir.

En 1814, à l'époque même de la restauration, Lafayette se présenta une fois chez le roi et chez *Monsieur;* il fut bien reçu par ces princes; toutefois il borna là ses rapports avec les Tuileries, bien qu'à la nouvelle du débarquement de Napoléon, lui et ses amis aient fait savoir au roi qu'ils étaient *prêts à lui rendre tous les s. rvices* qui, dans la ligne de la liberté, pouvaient dépendre d'eux; mais autour de l'ancienne dynastie il trouva les mêmes idées, les mêmes préventions, les mêmes projets qui avaient causé la perte du malheureux Louis XVI, et qui avaient rendu inévitable la catastrophe des cent jours.

Quand les puissances de toute l'Europe entreprirent encore une fois de porter la guerre en France, et de nous soumettre à leur volonté, Lafayette sortit de sa retraite pour joindre ses efforts à ceux du parti qui défendait le territoire et l'indépendance de la patrie. Il ne voulut pas aller chez l'empereur, et se contenta de voir son frère Joseph, qui lui avait offert un rendez-vous, afin qu'il pût juger par lui-même des garanties qui allaient être données à la France et à l'Europe. Lafayette crut devoir accepter sur-le-champ, en observant « qu'il y portait une incrédulité qui com»penserait sa trop grande confiance de l'an VIII; » il ne balança pas à déclarer que, « sans croire à la »conversion complète de Napoléon, on pouvait »compter sur sa coopération cordiale contre l'in»vasion et l'influence étrangères et contre toute fa»mille et tout parti qui se prévaudraient d'un tel

» secours pour attaquer l'indépendance et la liberté » du peuple français. » Il refusa la pairie, parce que l'hérédité de cette magistrature était contraire à ses principes; mais après avoir protesté, dans sa commune et au collège électoral de Seine-et-Marne, contre les articles des constitutions de l'empire et de l'acte additionnel qui pouvaient attenter à la souveraineté nationale et aux droits de chaque citoyen, il se présenta pour être élu membre de la chambre des représentans, afin d'obtenir toutes les institutions populaires qu'il désirait, et de donner au chef actuel de l'État tous les moyens de défendre le territoire et l'indépendance de la France contre l'invasion étrangère.

Il remplit consciencieusement la tâche qu'il s'était proposée, jusqu'au moment où l'empereur revint à Paris, après la défaite de Waterloo. On craignait, d'après les idées d'alors sur le caractère de Napoléon, qu'il n'eût quitté son armée que pour venir dissoudre la chambre et usurper une dictature dont il se servirait pour sacrifier les intérêts publics à ses intérêts personnels. Ce fut alors que, le 21 juin, Lafayette monta à la tribune et parla ainsi :

« Lorsque pour la première fois, depuis bien » des années, j'élève une voix que les vieux amis » de la liberté reconnaîtront encore, je me sens ap» pelé, Messieurs, à vous parler des dangers de la

» patrie, que vous seuls à présent avez le pouvoir » de sauver. Des bruits sinistres s'étaient répandus, » ils se sont malheureusement confirmés. Voici le » moment de nous rallier autour du vieux étendard » tricolore, celui de 89, celui de la liberté, de » l'égalité et de l'ordre public; c'est celui-là seul » que nous avons à défendre contre les prétentions » étrangères et contre les tentatives intérieures. » En même temps il fit déclarer que la chambre était en permanence, que toute tentative pour la dissoudre était un crime de haute trahison, et que quiconque se rendrait coupable d'une pareille tentative serait regardé comme traître à la patrie, et sur-le-champ jugé comme tel; que l'armée de ligne et les gardes nationales qui avaient combattu et combattaient encore pour défendre la liberté, l'indépendance et le territoire de la France, avaient bien mérité de la patrie. Mais Napoléon envoya le lendemain son abdication.

Une intrigue empêcha Lafayette d'être nommé au gouvernement provisoire. Son intention était d'appeler aux armes la nation tout entière, de ne traiter avec les ennemis qu'après qu'ils auraient été chassés du sol français; mais d'autres conseils et beaucoup de perfidies prévalurent.

On avait cru que la garde nationale élirait son chef, ou que ce choix serait déféré à l'assemblée. Ce chef eût été, dans l'un et l'autre cas, le général qui l'avait crée vingt-six ans auparavant. Mais le duc d'Otrante désigna Masséna, qui avait sauvé la France à Zurich et à Gênes. Lorsque ce maréchal reçut les visites de la garde nationale, il eut la bonne grace de parler du désir qu'on avait eu de voir Lafayette à la première place, et de dire qu'il cherchait à marcher sur ses traces. Lafayette de son côté lui déclara « qu'il serait toujours prêt à lui ser-» vir d'aide-de-camp : » mais le gouvernement provisoire avait des vues qui ne se conciliaient guère avec cette noble abnégation. Lafayette, que l'on n'était pas fâché d'éloigner, fut envoyé en qualité de commissaire près des puissances alliées, pour demander une suspension d'armes ; ses collègues et lui s'adressèrent aux généraux Wellington et Blücher, pour obtenir des passe-ports. Mais ceux-ci prétendirent qu'ils ne pouvaient rien accorder, avant qu'on leur eût cédé les principales places, non-seulement de la Flandre, mais de toute la frontière, en y comprenant Metz et Thionville. Blücher, par un message particulier pour le général Lafayette, l'assurait qu'il pouvait compter sur les commandans allemands qu'on mettrait dans ces forteresses, plus que sur les généraux de Bonaparte : Lafayette répondit, en riant, « que le ma-» réchal Blücher était trop obligeant, mais que » pour son compte, connaissant parfaitement ceux » de ses compatriotes qui commandaient dans ces

» places, il ne doutait pas qu'elles ne fussent déjà » en très-bonnes mains. » Les autres plénipotentiaires déclarèrent la proposition du général prussien inadmissible.

Ce fut alors que le général Lafayette, se rappelant les idées et les intentions libérales qu'Alexandre avait exprimées pendant son séjour à Paris, lui écrivit pour le disposer en faveur de la France, dans les négociations que l'on désirait entamer; il se présenta même comme simple particulier chez l'autocrate, mais il ne put obtenir de lui parler : « Sa » majesté, lui dit Capo-d'Istria, me charge de vous » témoigner ses regrets de ce que des engagemens » positifs avec ses alliés l'empêchent de conférer » avec les plénipotentiaires français autrement que » de la manière réglée entre eux. » Enfin les conférences commencèrent : l'ambassadeur anglais ayant élevé des doutes sur la légitimité d'une chambre convoquée par Bonaparte, « je m'étonnerais, ré» pondit Lafayette, qu'un homme public de votre » pays ne reconnût pas que le pouvoir d'une assem» blée nationale ne dérive point de celui qui con» voque, mais de ceux qui élisent. »

M. Benjamin-Constant, qui était aussi l'un des commissaires français, ayant fait observer que l'Angleterre n'avait pas fait une pareille objection au parlement de la glorieuse révolution de 1688, « Puis» que nous parlons de ces temps-là, ajouta Lafayette,

» je prierai mylord de se rappeler que, dans cette » même révolution que j'appellerai glorieuse aussi » avec lui et avec tous les Anglais, la situation de » l'armée et de Jacques II était un peu différente » de celle de l'armée française relativement à » Louis XVIII. Il l'avait formée, il avait combattu » avec elle, elle lui devait de la reconnaissance, ce » qui n'empêcha pas toutes ses troupes, et nom- » mément le favori du roi, votre grand Marlborough, » de déserter dans la nuit, non pour se réunir au » drapeau national, mais pour aller rejoindre une » armée et un drapeau étrangers. »

Toutes ces conversations n'ayant eu aucun ré- sultat, les plénipotentiaires quittèrent Haguenau. Dans l'une des dernières conférences, lord Stewart, s'adressant directement à Lafayette, eut la bas- sesse de lui demander que Napoléon fût livré aux alliés. « Je suis étonné, répondit le général, que, » pour proposer cette lâcheté, vous vous adressiez » de préférence à l'un des prisonniers d'Olmütz. »

A son retour, qu'on retarda par tous les moyens possibles, Lafayette eut la douleur d'apprendre la capitulation de Paris, et la retraite de l'armée sur la Loire. Napoléon, qu'il avait voulu envoyer en sûreté aux États-Unis, s'était livré de lui-même aux Anglais.

Le 6 juillet, Lafayette rendit compte à l'assem- blée de la mission qui lui avait été confiée, et il assura que les départemens qu'il venait de traverser partageaient les sentimens renfermés dans le manifeste de la veille, auquel il adhéra en son nom et au nom de MM. d'Argenson et Sébastiani. Deux jours après, les députés trouvèrent les portes du corps législatif fermées, et mises sous la garde d'un poste de Prussiens. Lafayette emmena les députés chez lui, et se rendit, avec une grande partie d'entre eux, chez leur président, Lanjuinais, où ils rédigèrent le procès-verbal qui constate cette violation faite aux représentans des droits d'un grand peuple.

Après cette protestation, Lafayette se retira à Lagrange, où il continua de vivre jusqu'en 1817, époque à laquelle il fut proposé pour député par le collége électoral de Paris.

Les obstacles sans nombre apportés par le gouvernement à l'élection de ce vieux athlète de la liberté triomphèrent cette fois de l'opinion publique; ils en triomphèrent encore à Melun, où le préfet, M. Germain, antérieurement chambellan de Napoléon, déploya tous ses talens dans l'art de servir le pouvoir. Mais, en 1818, les efforts pour écarter Lafayette furent impuissans, et le département de la Sarthe, malgré les manœuvres du préfet nommé président du collége, l'élut représentant à la chambre des députés. Lafayette s'y montra ce qu'il a toujours été, l'ami d'une liberté sage:

il parla avec la plus grande force contre toutes les lois d'exception.

Dans la discussion sur l'instruction publique, session de 1818 à 1819, il prouva que les mœurs nationales, loin d'être détériorées, avaient éprouvé une amélioration sensible depuis trente ans. Dans la séance du 22 mars 1819, il parla contre les tentatives faites dans la chambre des pairs pour changer la loi des élections. M. de Villèle avait alors traité de *jonglerie* l'exercice du droit de pétition sur les intérêts publics. « On voudrait anéantir ce » droit, vous ne le souffrirez pas, Messieurs, s'écria Lafayette, et quelque abominable abus qu'on » ait fait, dans d'autres temps, de viles adresses au » pouvoir dominant, comme on a abusé de toute » autre chose, et flatté tout pouvoir, vous ne vou- » drez pas rendre inutiles vos communications avec » vos concitoyens en ne vous excusant qu'après » avoir délibéré sur leur objet. J'en atteste les » mânes de tant de citoyens parmi les huit mille, » les vingt mille pétitionnaires de 1792, qui, après » avoir défendu, non sur la rive d'un fleuve éloi- » gné, mais à Paris, les lois nationales et le trône » constitutionnel, achevèrent de remplir leurs de- » voirs de gardes nationaux en combattant cette » invasion étrangère, qui seule a pu assurer le » triomphe de l'anarchie. Fatale alliance de l'anar- » chie, de l'olygarchie et du despotisme, déjà ré-

» vélée par quelques-uns de ses complices, et que
» les révélations de l'histoire flétriront de plus en
» plus! En attendant, les vœux publics seront sa-
» tisfaits. Vous allez rejeter cette résolution vague
» de la chambre des pairs qui a excité tant d'a-
» larmes. »

Le 17 mai, il s'éleva contre l'ordre du jour, appuya la pétition en faveur des bannis, et publia son opinion sur cette importante question. « On
» s'est demandé, dit-il, quand finirait cette expa-
» triation forcée, inconstitutionnelle, et si les res-
» tes de nos guerriers mutilés pourraient être en-
» sevelis dans le sein de la terre natale, qu'ils ont
» glorieusement défendue. » Le 3 juin, à propos du budget de la guerre, il appela de nouveau l'attention sur son système favori, celui de tous les bons citoyens, l'organisation d'une force civique.

« Qu'il me soit permis, a-t-il dit, de profiter de
» cette occasion pour protester encore une fois
» contre la prolongation du système réglementaire,
» qui achève de dégoûter la garde nationale, qui
» dénature cette précieuse institution, qui laisse
» la France désarmée, désorganisée sous ce rap-
» port, et qui, dans le moment du danger, néces-
» siterait une organisation subite et spontanée,
» dont tous nous sentons les inconvéniens. Créées
» par la liberté, dévouées à l'ordre public, les gar-
» des nationales défendirent l'indépendance comme

» les lois de leur pays. Persécutées pour les avoir » défendues, désarmées ensuite de peur qu'elles » ne les défendissent, rappelées enfin par la néces- » sité, subissant depuis des modifications dont je » m'abstiendrai de parler; elles attendent le mo- » ment de redevenir constitutionnelles, et rentre- » raient avec joie dans la loi de 1791, qui réunit » les trois conditions essentielles : *armement de la » nation, subordination de la force armée à l'au- » torité civile, et nomination des officiers par » les citoyens.* » Ce discours excita les murmures des partisans du pouvoir.

Le 10 février 1820, le général Lafayette changea en une proposition régulière les vœux qu'il y avait exprimés. Dans la discussion du 2 mars 1820, relative aux pétitions adressées à la chambre pour le maintien de la loi des élections, il s'exprima avec la plus grande force contre l'abus de pouvoir exercé sur le droit de pétition. « Est-ce là, dit-il, le prix de » tant de millions payés sans murmure? Le peuple » français a été victime des coups d'État des jacobins, » des despotes, des aristocrates; fera-t-on encore » un coup d'État contre quatre-vingt mille pétition- » naires qu'on déclare factieux, parce qu'ils ne sont » pas ministériels? » Le 8 mars, pendant les débats sur la loi suspensive de la liberté individuelle, après avoir prouvé l'inutilité de cette loi, qui n'eût pas arrêté la main de Louvel, et en la comparant aux lettres de cachet dont il avait demandé l'abolition, trente-trois ans auparavant, à l'assemblée des notables, il vota contre leur rétablissement.

Ce fut dans cette occasion qu'il aborda avec toute la franchise de son caractère le reproche qui lui a tant de fois été adressé, d'avoir proclamé dans certaines circonstances l'insurrection comme un devoir : « Peut-être, ajouta-t-il, les regrets sur la » non résistance à l'oppression révolutionnaire pa» raîtront-ils une de ces *doctrines pernicieuses* » dont on fait tant de bruit : c'est le mot d'ordre » du jour; il fait écho dans tous les cabinets de » l'Europe. On le reconnaît dans ces adresses, cal» quées sans doute sur celles de l'empire, où il ne » faut à la plupart des rédacteurs et des signataires » qu'un peu de mémoire, et dont le talent con» siste à profiter d'un sentiment national pour y » joindre l'expression obligée qui peut servir à » flatter le pouvoir absolu. Du moins faudrait-il » que les magistrats des communes redevinssent » les élus du peuple, dont ils se font les inter» prètes. Ce mot d'ordre, continua l'orateur, a » aussi retenti à cette tribune; il a été prononcé » officiellement par le ministre que je vois devant » moi; qu'il veuille bien dire s'il a voulu parler de » cette déclaration de principes qui appela les » Français à la liberté, sur laquelle les révolution» naires de 1793 demandaient qu'on étendît un

» voile, tandis qu'elle était invoquée, au nom d'un » culte opprimé, dans le premier manifeste des » Vendéens, et au nom de l'humanité égorgée, » dans les proclamations de l'illustre et généreuse » ville de Lyon. »

Le 23 du même mois, il parla contre la loi sur la censure, et il reprocha hautement aux ennemis de nos libertés de se jouer continuellement de la charte. » Il est temps encore de maintenir la » liberté, s'écria-t-il en terminant; que la loi des » suspects s'arrête dans sa marche; rejetons la cen- » sure de la presse; que le gouvernement retire » son projet de loi d'élections et lui substitue les » institutions si long-temps promises; que la charte » soit respectée, car la violer c'est la dissoudre, » c'est dissoudre les garanties mutuelles de la na- » tion et du trône, c'est nous rendre nous-mêmes à » toute l'indépendance primitive de nos droits et de » nos devoirs. »

Le 27 mai, à propos du projet de loi relatif aux élections, il démontra que la nation seule avait le droit d'apporter des changemens à l'acte qui la liait avec le monarque, que la charte n'avait pu être octroyée, et qu'une fois acceptée par le peuple, on ne pouvait la lui ôter. Il parla ensuite des associations contre-révolutionnaires dont la France est entourée, et il confondit les députés qui, tels que La Bourdonnaye, Cornet-d'Incourt et Sallabéry, avaient insulté à la tribune un drapeau dont les couleurs avaient été portées par Louis XVI et par Louis XVIII lui-même.

Lafayette prit la parole dans toutes les discussions importantes, et toujours il produisit l'effet qu'il s'était proposé. Un an député de Meaux, cinq ans député de la Sarthe; dans tous ses discours il a revendiqué pour la nation des droits imprescriptibles dont la charte n'avait reconnu qu'une partie; constamment il s'est plaint de ce que le droit de représentation était réduit à un trop petit nombre d'électeurs; toutes les fois qu'il en a trouvé l'occasion, il n'a jamais manqué d'annoncer et de déclarer que la moindre violation des engagemens pris par le gouvernement devait rendre les Français à toute l'indépendance de leurs droits et de leurs devoirs. Dans les circonstances graves, il a fait franchement des appels au patriotisme et à l'énergie du peuple. On l'a taxé d'avoir voulu mettre en pratique cette doctrine d'insurrection contre le pouvoir arbitraire qui n'exclut pas, à beaucoup près, la doctrine d'obéissance aux lois émanées de la souveraineté nationale, doctrine qu'il n'a jamais cessé de reconnaître.

Il ne nous appartient pas de répondre sur cet objet autrement qu'il n'a répondu lui-même lorsque cette accusation a été portée contre lui en pleine chambre des députés. Au moment où plusieurs de ses collègues se défendaient de ce qu'il n'a pas jugé à propos de renier, M. Laffitte ayant pris la parole contre la clôture, et s'étant écrié : « Comment pourrait-on interdire toute justification, même celle de la tribune, à des députés qu'à la tribune on a accusés d'être des conspirateurs? On ne le devrait pas s'il s'agissait de simples citoyens; mais des députés qui ne sont ni témoins, ni accusés, qui n'ont dans la procédure aucun moyen de se justifier, comment leur interdire la parole! Une enquête a été demandée ; elle a été appuyée par M. de La Bourdonnaye ; il faut que la nation sache si ses députés sont coupables ou si on les a calomniés. »

Lafayette demanda la parole pour un fait personnel :

« Messieurs, dit-il, quelle que soit mon indifférence habituelle pour les inculpations et les haines de parti, je crois devoir ajouter quelques mots à ce qu'ont dit mes honorables amis.

« Pendant le cours d'une carrière dévouée tout entière à la cause de la liberté, j'ai constamment mérité d'être en butte à la malveillance de tous les adversaires de cette cause, sous quelque forme, despotique, aristocratique, anarchique, qu'ils aient voulu la combattre ou la dénaturer : je ne me plains donc point, quoique j'eusse le droit de trouver un peu leste le mot *prouvé* dont M. le

» procureur du roi s'est servi à mon occasion; mais » je m'unis à mes amis pour demander autant qu'il » est en nous la plus grande publicité; au sein de » cette chambre, en face de la nation, c'est là que » nous pourrons, mes accusateurs et moi, dans quel- » que rang qu'ils soient placés, nous dire sans com- » pliment ce que depuis trente-trois années nous » avons eu mutuellement à nous reprocher. »

Il était évident que depuis long-temps on cherchait à impliquer Lafayette dans quelque conspiration. On avait voulu le compromettre dans le procès de Berton ; on avait fait figurer son nom dans plusieurs complots. Quand madame Chauvet fut arrêtée, on aurait bien souhaité le traduire comme accusé; mais on ne put l'appeler que comme témoin : ce fut alors que, M. le président lui ayant donné la qualification de *marquis*, il s'abstint de répondre, déclarant que depuis 1791 il avait renoncé à ce titre, et ne satisfit aux questions que quand on l'eut désigné par cette simple appellation, *le sieur Lafayette*.

La police parut enfin se lasser de troubler le repos du patriarche de la constitution, et il vivait paisiblement dans sa propriété de Lagrange lorsqu'il sentit se ranimer en lui le désir de revoir encore, au déclin de son âge, un peuple ami qui l'appelait : souvent il avait été sollicité par ses nombreux amis d'Amérique de venir les visiter. En

1815, la gravité des circonstances l'avait retenu; envoyé depuis à la chambre élective, son devoir lui avait imposé l'obligation d'ajourner ce voyage; enfin rendu à la vie privée, il n'avait plus de motifs pour ne pas accéder aux vœux des Américains, mais il ne voulut point accepter les offres du congrès et attendre le vaisseau qui devait venir le chercher.

Parti presque à la dérobée, et comme un simple particulier, sans autre suite que son fils et son ami, il se flattait peut-être de surprendre la vigilance américaine, et de visiter obscurément les provinces qu'il avait arrosées de son sang; mais la nation était attentive, et elle reçut son hôte d'une manière digne d'elle et de lui. Lafayette s'embarqua au Hâvre sur *le Cadmus*, le 13 juillet 1824, et trente-trois jours après il descendit sur le rivage où l'attendait la gratitude de plusieurs millions d'habitans. Entre le salut de son arrivée jusqu'au 7 septembre de l'année suivante, qu'il s'embarqua pour revenir en Europe, il fut successivement fêté par tous les États de l'Union. Le congrès lui accorda des honneurs qu'il n'avait jamais accordés à Washington. Un bill lui alloua une somme de 200,000 dollars en considération de ses services et des sacrifices qu'il avait faits pendant la guerre de l'indépendance américaine, et, par le même acte, il lui fut accordé, pour en jouir lui et ses héritiers, une pièce de terre sur les terrains non encore concessionnés des États-Unis.

Dans ce voyage, tout ne fut pour lui que joie et bonheur. Cette Amérique qui, au moment où elle venait de briser le joug, était pauvre et déserte, il la revoyait riche et peuplée : la république avait grandi avec la liberté ; tous les arts de l'Europe s'étaient transplantés sur son territoire, dont elle avait doublé l'étendue.

Ce spectacle d'une prospérité croissante dut donner dans son esprit un grand poids à la vérité des maximes qu'il avait toujours professées ; aussi, convaincu par une si prodigieuse expérience, c'était là l'évangile qu'il prêchait : partout ses réponses aux discours qui lui étaient adressés revenaient à dire, *voilà ce que nous voulions pour la France en* 89 ; et s'il formait des vœux, s'il exprimait des regrets, c'étaient des sentimens démocratiques qu'il manifestait à la face du monde, que l'événement du premier triomphe philosophique rendait attentif aux moindres paroles de celui à qui l'on en décernait les honneurs.

Ces acclamations *welcom Lafayette* (bien venu soit Lafayette), *le frère du grand-père Washington, l'homme des deux hémisphères!* retentissent d'une extrémité à l'autre de l'Amérique. A ce signal donné par l'enthousiasme, à la promulgation de l'acte qui proclame Lafayette l'hôte de la nation, de mille points différens, toutes les populations accourent; les cités, les campagnes, par un élan unanime, sollicitent à l'envi la faveur de sa présence : toutes les corporations, toutes les sociétés savantes, veulent se l'agréger; et à son égard ce n'est pas simplement une formalité de politesse, car près du berçeau des États tous les points de départ sont notés, et les Américains se souviennent qu'en 1781 Lafayette, admis dans la *Société philosophique,* y avait lu les premiers rapports qu'elle ait entendus sur le *magnétisme animal* et sur *les expériences de Montgolfier.*

A la clarté des myriades de lumières qui couronnent tous les foyers, les vieux drapeaux de la révolution sont tirés du reliquaire de la patrie, et les vétérans de l'indépendance s'arrachent à un repos de quarante années pour venir encore une fois, avant de mourir, presser les mains de leur ancien compagnon. Il va avec eux pleurer sur la tombe de ceux qui ne sont plus, et avec un pieux recueillement il s'incline sur le cercueil de Washington; au milieu de ce cortége des sauveurs de l'indépendance, il célèbre tous les anniversaires d'une période de périls à laquelle ont succédé les bienfaits d'un affranchissement glorieux. Il était beau de le voir marcher entouré des vénérables libérateurs de l'Union, les Willett, les Swartwoot, les Cadwallader, les Grenier, les Fish, les Smith;

les Bentalon, dont plusieurs, près de compter un siècle d'illustration, semblaient l'avoir attendu pour expirer. Quelle émotion ne dut pas être la sienne lorsqu'en visitant les champs de bataille il retrouva sur celui de Brandywine les soldats qui l'avaient emporté après sa blessure ! et quand deux de ces guerriers, frappés au cœur par le réveil subit d'une affection trop vive, tombèrent à ses pieds comme foudroyés, combien ne dut-il pas être touché de leur amour ! Chacune de ses haltes est une consécration ou la résurrection d'une tradition qu'il constate. A Bankers-Hill, à Cambden, à Savannah, il rend les derniers devoirs à d'anciens frères d'armes; et, aux lieux où ils périrent en défendant la plus sainte des causes, sa main pose la première pierre des monumens érigés par la gratitude nationale à la mémoire des Warren, des Kalb, des Greenne, des Pulowski. Point d'endroit célèbre à la célébrité duquel il n'ajoute encore : à Williamsbourg, il est reçu dans la maison de Peyton-Randolf, qui fut le premier président du congrès révolutionnaire d'Amérique; à Newbury-Port, il repose dans la même chambre où le libérateur avait passé une nuit lorsqu'il visita les États du nord : l'ameublement en avait été religieusement conservé.

Tout ce qu'il voit, tout ce qu'il entend lui rapporte les réminiscences et les impressions de sa jeunesse ; quand il presse dans ses bras les John Adams, les Jefferson, les Madison, les Monroë ; lorsque la même tente, celle du héros d'Amérique, rassemble pour un banquet de sages tous ces fondateurs de l'Union, il lui semble assister à un conseil tenu aux jours où mille dangers faisaient encore douter du salut de la patrie.

A contempler la réunion de tous ces patriarches de la liberté, quel observateur eût pu se refuser à cette douce croyance, qui n'est pas un préjugé, qu'aimés du ciel pour leurs vertus, ils vivent longuement, ces hommes généreux dont l'existence fut consacrée au culte de l'humanité et de la liberté.

Les peuplades sauvages participent à l'accueil que l'on fait à celui qu'elles appelaient leur *père blanc, l'ancien guerrier français;* la nation belliqueuse des Crecks lui prodigua toute espèce de marques d'amour. Elle traîna sa voiture l'espace de plusieurs lieues ; un de leurs chefs vint le complimenter sur ce qu'il avait autrefois battu les Anglais, leurs communs ennemis : « C'était, disait-il, le *Grand esprit* qui l'avait conduit à travers la mer pour venir rendre l'indépendance au peuple américain ; « et il ajouta, qu'un des signes visibles » de cette haute protection était que le guerrier » blanc ne vieillissait pas, et semblait toujours en » état de les défendre comme autrefois. »

Pendant cette fête triomphale, orgueilleux, pour

la France et pour eux-mêmes, de la réception faite à un illustre compatriote, les Français disséminés sur le territoire de l'Union se rapprochent de lui, et quels qu'aient été, dans d'autres temps, leurs sentimens politiques ou la cause de leur émigration, tous éprouvent le même plaisir à le voir.

A New-York, celui qui lui donne l'accolade fraternelle est le vieux républicain Monneron, le même qui, sous la république, pendant la pénurie de nos finances, fit battre monnaie en son nom; à Philadelphie, il est complimenté par M. Texier de la Pommeraie, que des opinions opposées signalèrent aux proscripteurs.

A Norfolk, à la suite de la cérémonie de son adoption par toutes les loges d'Amérique, l'orateur d'une loge française, entraîné par la chaleur d'une éloquente improvisation, lui dit : « Cédez, général, cédez au vœu de la nation américaine, restez avec nous sur cette terre de tolérance et de liberté; vous serez pour ce peuple reconnaissant un sujet de respects continuels, comme pour ses ennemis un sujet éternel de terreur. » Mais le général, repoussant avec bonté cette insinuation, répondit : « Vous êtes trois fois mes frères, comme Français, comme Américains, et comme maçons. »

A Bordentown, un frère de celui qui naguère voyait l'Europe à ses pieds, Joseph Bonaparte, attend avec impatience l'instant où Lafayette se présentera chez lui, et à Savannah le général est salué par le fils de l'ex-roi de Naples, le jeune Achille Murat, qui, au premier bruit de l'arrivée de Lafayette, était parti précipitamment de la Floride, où depuis quelques années il s'était établi planteur.

Nationaux ou étrangers, il n'est personne qui ne se déplace pour se rendre auprès de l'ancien major-général : des députations viennent de plus de trois cents lieues lui apporter l'expression de la gratitude de leurs concitoyens. A Caraccas même, dans la Colombie, et dans toutes les républiques nouvelles, des réjouissances ont lieu. On frappe des médailles en l'honneur de Lafayette, on joue des pièces dont il est le héros, des vaisseaux prennent son nom ; à Baltimore, une association de bienfaisance est fondée parmi les jeunes gens, à l'occasion de sa venue ; à Wilmington, les dames établissent, pour les veuves et les orphelins, *l'asile de Lafayette.*

Le récit de son voyage, imprimé dans tous les journaux, va aux derniers confins de l'Amérique porter des émotions à ceux qui n'ont pas eu le bonheur de le voir. A son passage, les pères lui demandaient de bénir leurs enfans. La fille d'un vieux militaire, âgée de sept ans, un bouquet d'immortelles à la main, s'agitait avec vivacité pour s'approcher de lui : « Laissez-moi seulement tou-

» cher son habit, s'écriait-elle, et je serai con-» tente. » Un vieillard dont le vêtement annonçait la nécessité du travail, lui dit en lui pressant la main : « Et moi aussi, général, je suis un des dix » millions d'individus qui vous doivent le bonheur » et la liberté. »

Un jour, pendant sa marche, un homme fut renversé par une voiture du cortège : « Ce n'est » rien, dit-il aux personnes qui l'aidaient à se re-» lever ; on peut bien risquer un de ses membres » pour celui qui a si souvent risqué sa vie pour » nous. »

Le général n'osait plus envoyer acheter chez les marchands les objets à son usage, tous en eussent refusé le prix : « Toutes les dépenses de M. de » Lafayette et de sa famille sont payées depuis » quarante ans, disaient-ils. »

Partout où il paraissait, les travaux étaient suspendus : à Salem, un meunier abandonne, pour aller voir le général, le moulin qui nourrit sa famille, et laisse écrits sur sa porte ces mots qui indiquent le motif de son absence : *Point de mouture aujourd'hui, excepté pour celui dont la valeur pulvérisa l'espoir de nos tyrans.* Le bill de la munificence nationale, adopté par le congrès, devait couronner tous ces actes partiels, et prouver en même temps que les républiques ne sont pas toujours ingrates.

M. Hayne établit devant le sénat que, de 1777 à 1785, le général avait dépensé, pour la cause américaine, plus de 700,000 fr., capital que l'intérêt aurait triplé; et après avoir ajouté que ces sacrifices s'étaient complétés d'un demi-siècle d'importans services: « Était-il Américain? poursuivit-» il, avait-il aucun devoir à remplir envers nous, » celui qui nous donnait ainsi sa fortune et sa vie? » Et cependant il vint nous apporter des armes, » des vêtemens, de la force. Il prêcha dans tout » le monde une sorte de croisade en notre faveur: » et lorsque tant de travaux eurent été accomplis, » il se retira sans rien demander; et nous, qu'avons-» nous fait pour lui? Lorsqu'en 1794, il gémissait » dans les cachots d'Olmütz, on lui accorda la solde » entière de son grade, qu'il aurait dû recevoir » quatorze ans plus tôt. En mars 1803, le congrès » lui concéda 11,520 acres de terre: il fut autorisé » à les choisir dans le territoire d'Orléans; trois » ans après, son agent entre en possession de 1,000 » acres; mais, par une méprise inconcevable, le » congrès presque aussitôt accorda à la ville d'Or-» léans un terrain considérable dans lequel se trou-» vait enclavée la majeure partie de celui qui » appartenait au général. Sans doute, s'il eût fait » valoir ses droits, il aurait obtenu gain de cause, » et la chose paraissait le mériter, d'autant plus » que la terre valait 50,000 dollars; mais M. La-

» fayette écrivit qu'il ne consentirait jamais à s'informer même de la validité de son titre ; qu'il ne » penserait jamais à entrer en discussion avec aucun » corps public des Etats-Unis ; que la propriété lui » avait été donnée gratuitement par eux, et que » c'était à eux de dire ce qui avait été donné. »

Après ce discours, l'acte rémunératoire passa à une immense majorité, et tous les Etats s'empressèrent d'y souscrire de la manière la plus solennelle ; plusieurs même, croyant que l'Union n'avait pas assez fait pour Lafayette, mirent en discussion s'ils n'ajouteraient pas une offrande particulière au don du congrès ; quelques-uns voulaient voter des fonds afin de lui assurer un asile, si jamais pour lui l'avenir devenait orageux ; mais la certitude d'un refus ne permit pas d'émettre ce vœu, qui semblait être plus particulièrement celui de New-York.

Après avoir assisté, pour la deuxième fois pendant son séjour, à l'anniversaire de la déclaration de l'indépendance, le général Lafayette songea à revenir dans sa patrie. Dès qu'il eut fait connaître sa résolution à cet égard, tous les corps constitués allèrent prendre solennellement congé de lui. Pendant ces adieux, M. Custis, parent de Washington, et qui possédait un très beau portrait de cet homme illustre, ainsi qu'une médaille d'or pur qui lui avait été décernée par la nation, vint prier le général de les accepter pour en faire don au libérateur de la Colombie.

M. Lafayette remplit cette patriotique mission ; et, peu de jours après, il s'embarqua sur la frégate *la Brandwine* qui lui fut offerte par le gouvernement pour le ramener en France.

A son retour, après une absence de quinze mois, le général Lafayette rentra dans sa résidence habituelle. Depuis trois jours les habitans des communes environnantes étaient accourus à Rosoi pour le fêter à son passage. Quand il parut, ce furent des transports d'allégresse de la part de cette population habituée à le regarder comme le bienfaiteur du pays : c'était un père qui revenait parmi eux. Ils n'étaient pas moins empressés de contempler les traits de M. Georges Lafayette, son fils, que tous affectionnent comme l'héritier et le continuateur de ses vertus et de sa bienfaisance.

En juin 1827, le général Lafayette fut nommé une troisième fois membre de la chambre des députés, par l'arrondissement de Meaux, malgré les brigues et les cabales d'un ministère qui mettait sa gloire à tromper le vœu du peuple.

En 1829, on annonça que Charles X allait faire un voyage dans l'Ouest, comme il en avait déjà fait un dans l'Est. Mais sans doute ses indignes conseillers craignirent la trop franche manifestation des sentimens populaires de cette partie de la France, et son voyage fut contremandé. Lafayette, à cette époque, se rendit à Lyon. Aussitôt des ordres sont transmis pour étouffer par tous les moyens possibles l'explosion de la pensée nationale, et le maire de cette ville proclame que les sérénades, les rassemblemens populaires sont punis par le Code pénal. Eh bien! s'écrient les Lyonnais, on ne nous empêchera pas de faire lire sur nos fenêtres, en lettres transparentes: *Lafayette et les droits de l'homme!* Le 6 septembre, Lafayette entre à Lyon dans une calèche découverte et précédé d'une musique à cheval et d'une immense population qui s'était portée à sa rencontre jusqu'à Vienne. Nous ne redirons pas les transports de cette patriotique cité à la vue de l'ami de Washington. On peut aisément s'en faire une idée. Un banquet fut offert au général Lafayette, deux jours après son arrivée. Dans cette circonstance, qui aurait dû devenir *une leçon utile* pour la faction désorganisatrice, Lafayette, qui répondait au toast qui lui était adressé par M. Couderc, député du Rhône, laissa échapper ces paroles, devenues prophétiques: « *Plus de concessions*, ont dit ré- » cemment les journaux officiels de ce parti.... » Étrange contre-sens sur la nature des pouvoirs so- » ciaux! *Plus de concessions*, dit à son tour et à » plus juste titre le peuple français, lorsqu'il de- » mande ces institutions si long-temps attendues,

» qui seules peuvent garantir la jouissance de nos » droits imprescriptibles, de ceux du moins que la » Charte a reconnus.... Oserait-on par simples or- » donnances vicier les élections, exercer un pouvoir » illégal?... La nation connaît ses droits, elle saura » les défendre. »

Le 27 juillet 1830, le général Lafayette annonça que s'il en était requis par ses concitoyens, il n'hésiterait pas à prendre le commandement de la garde nationale. Le 28, une députation de cette garde offrit ce commandement au héros de la liberté, qui voulut que sa nomination fût approuvée par les députés, réunis en ce moment chez M. Laffitte. Elle le fut sur-le-champ, et le général Lafayette se rendit de suite à l'Hôtel-de-Ville, déjà occupé par les braves gardes nationaux. La France sait maintenant, et le monde entier saura bientôt tout ce que le grand citoyen a fait pour la patrie et pour la liberté dans cette dernière lutte contre l'arbitraire. Sa haute sagesse, sa longue expérience, n'en doutons pas, vont encore être utiles à sa patrie, et, le premier des hommes pour les vertus civiques, son exemple sera d'un grand poids dans la haute question de savoir qui régira la France.

FIN.

www.ingramcontent.com/pod-product-compliance
Ingram Content Group UK Ltd.
Pitfield, Milton Keynes, MK11 3LW, UK
UKHW021233230726
13926UKWH00003B/1418